Franz Baumann, Gipsy Baumann

Alea iacta est

Kinder spielen Römer

Ökotopia Verlag, Münster

IMPRESSUM

AutorInnen: Franz und Gipsy Baumann

Illustrationen: Susanne Szesny

Satz: Art applied, Medienproduktion Hennes Wegmann, Münster

ISBN 3-931902-24-2

4 5 6 7 8 9 10 · 09 08 07 06

Eintrag im Großen Brockhaus von 1928:
*„**Alea iacta est**, genauer, **iacta alea esto** (lat). ‚Der Würfel sei geworfen‘, angeblicher, von Sueton überlieferter Ausspruch Cäsars bei dem Überschreiten des Grenzflußes Rubico. Doch hat Cäsar diesen Ausspruch nicht in lat. Form sondern griechisch getan: ‚anerhiphto kybos‘, ein Zitat, das von Menander stammt. Wahlspruch Ulrichs von Hutten.“*

INHALT

Römische Geschichte - Spielen?

Denken Erwachsene an die römische Geschichte, könnte so manch leidvolle Erinnerung an ehemalige Latein- oder Geschichtsstunden aufkommen, die sich mit der immer noch währenden Begeisterung für die beliebten Comicfiguren Asterix und Obelix mischt - hoffentlich mag sich der Bogen der Vorerfahrungen weiter spannen und durchsetzt sein vom Duft der römischen Küche. Kinder haben meistens noch keine Erfahrungen mit der römischen Geschichte, aber gerade Kinder sind schnell in der Lage, neue Themen spielerisch aufzugreifen und im Spiel umzusetzen - gerade Kinder werden schnell Akteure einer Geschichte - gerade Kinder können eine Bühne entstehen lassen, auf der Geschichte lebendig wird.

Hiermit sind die eigentlichen Adressaten für dieses Buch genannt: Kindern und solchen, die sich noch manchmal als Kinder fühlen wollen, soll dieses Buch Ideen aufschließen, spielerisch und mit allen Sinnen die spannende Geschichte der Römer nach zu erleben.

Die Beschäftigung mit dem römischen Alltagsleben macht Kindern und Erwachsenen Spaß, sie lernen eine alte Kultur kennen, können aber auch Bezüge zur heutigen Zeit herstellen. Besonders die römische Geschichte, die im historischen Zusammenhang mit den kulturellen Entwicklungen in Deutschland steht, ermöglicht eine erste Begegnung mit Geschichte, die der alltäglichen Lebenswelt von Kindern nicht vollkommen fremd ist. Auch die Römer lebten in Familien, die Kinder gingen ebenso zur Schule wie die Eltern Berufe hatten. Dennoch hatten - wie heute - nicht alle römischen Familien gleich viel Geld und gleiche Startchancen, wie es die Beschreibungen der unterschiedlichen Wohnsituationen der römischen Familien in diesem Buch zeigen werden. Schulbildung für alle römischen Kinder sollte bereits vor zweitausend Jahren Berufswege ebnen helfen und das von den Griechen übernommene Kulturgut verbreiten. Die römischen Kinder gingen durch eine „harte" Schule, die glücklicherweise mit unserer heutigen Schule nicht mehr viele Ähnlichkeiten aufweist.

Ganz anders werden die Erfahrungen bei den römischen Kinderspielen liegen: Gesellschaftsspiele, die heute noch in fast jeder Spielesammlung zu Hause zu finden sind, haben in der Tat römische Tradition. Die Einfachheit dieser römischen Spiele ermöglicht einen raschen und problemlosen Nachbau und regt Kinder und Erwachsene gleichermaßen an, aus alltäglichen Dingen vergnügliche Spiele zu gestalten - vielleicht eine Gedankenanregung und Alternative für unsere hoch technisierte Welt, die auch vor dem Kinderzimmer nicht Halt macht.

Das Alltagsleben der Römer bietet schon kleinen Kindern eine Vielzahl Möglichkeiten für Rollenspiele, die für die kindliche Entwicklung von besonderer Bedeutung sind und erste „Geschichtserfahrungen" ermöglichen. Kinder schlüpfen gern in fremde Kleider und können mehr oder minder exotische Verhaltensweisen gut nachahmen. Die Verwandlung in Römerinnen und Römer gelingt Kindern mühelos - leider geht diese Kunst häufig mit zunehmendem Alter verloren. Sie lässt sich jedoch für alle Interessierten wieder trainieren. Die Spiel- und Bastelideen in diesem Buch sollen Anregungen für den Kindergarten, für die Schule und für den Hausgebrauch bei Familien und Kindergruppen geben.

Auch wenn den Autoren bewusst ist, dass moderne Kindererziehung immer auch Friedenserziehung einschließt, wurde der Bereich des Militärs nicht ausgespart. Ein großer Teil Spannung würde verloren gehen, wenn auf die Beschreibung der wesentlichen Ausrüstungsgegenstände verzichtet worden wäre.
Wir empfehlen allerdings die Rolle des Militärs in der alten römischen Kultur nicht ohne die Themastisierung der Problematik von Krieg und Gewalt zu vermitteln. Die Spuren, die die Römer in Deutschland hinterlassen haben sind jedoch untrennbar mit dem Militär verbunden. Die sich ergebenden Kontakte zwischen den Römern und den Germanen bieten allerdings auch geeignete Ansatzpunkte für die Beschäftigung mit dem römischen Handwerk und mit dem Zusammenwachsen von verschiedenen Kulturen.
An diesem Beispiel aus der Antike lässt sich erfahren, welche Auswirkungen ein Austausch zwischen zwei Kulturen haben kann und welche Wirkungen sich bis in unser heutiges Leben nachvollziehen lassen. Kinder begegnen Neuem und Fremdem meistens sehr aufgeschlossen und vorurteilsfrei und sollten lernen, diese Fähigkeit auszubauen, um eine wichtige Voraussetzung für das Leben in der heutigen multikulturellen Gesellschaft zu erlangen. So hat die Beschäftigung mit der alten Geschichte eine zukunftsweisende Funktion und regt über das Interesse an der Geschichte neue, kreative Gedanken an.

Um dies zu fördern wurde im vorliegenden Buch darauf Wert gelegt, dass Kindern Identifikationsfiguren aus der römischen Zeit in kleinen Erzählgeschichten vorgestellt werden, die zeigen sollen, was Kinder ihres Alters im alten Rom erlebt haben könnten. Die Andersartigkeit der Schauplätze und der in den Geschichten vorkommenden Figuren repräsentiert die Vielseitigkeit des römischen Lebens, das zahlreiche Facetten aufweist. Das Leben der alten Römer auf dem Lande verlief anders als das hektische Leben in der Metropole Rom, die schon zur damaligen Zeit mit ähnlichen Problemen heutiger Großstädte zu kämpfen hatte.

Um den Rahmen dieses Buches nicht zu sprengen, beschränken sich die geschichtlichen Fakten weitgehend auf die Zeit des ersten und zweiten Jahrhunderts nach Chr., in der die wesentlichen Merkmale römischer Kultur ihren Höhepunkt hatten. Für die Interessierten befindet sich auf den folgenden Seiten eine verkürzte Darstellung wichtiger, politischer Vorgänge der römischen Geschichte, um Zusammenhänge zu verdeutlichen und die historische Einordnung zu erleichtern. Die einführenden Darstellungen in die einzelnen Kapitel bieten zudem jeweils eine kurze Einführung in den angesprochenen Sachverhalt und ergänzen insofern die Spielvorschläge inhaltlich.

DAS ANTIKE ROM

Das antike Rom - die Stadt auf sieben Hügeln - wurde um 753 v. Chr. gegründet. Nach einer Sage waren die Zwillinge Romulus und Remus die Begründer der Stadt, nachdem sie eine aufregende Kindheitsgeschichte erlebt hatten. Von der Mutter als Babys am Tiber ausgesetzt, dann von einer Wölfin gesäugt, wurden sie letztendlich von einem Schäferspaar aufgezogen. Die spannende Geschichte endet damit, dass Romulus seinen Bruder Remus ermordet, so dass Romulus in der Stadt zum Alleinherrscher wird.

Nach dem berühmten Raub der Sabinerinnen und der Versöhnung mit den Sabinern wird der Sabiner Titus Tacius zum Mitregenten ernannt. In dieser Zeit fällt die Einteilung der alten Stämme und der römische Kalender. Wie alle Sagen hat auch diese einen wahren Kern. Ein etruskisch-griechischer Stamm siedelte sich auf den sieben Hügeln Roms an und vermischte sich mit den anwohnenden Völkern. Und damit nahm die berühmte römische Geschichte ihren Lauf!

Die etruskischen Könige bauten circa um 575 vor Chr. bereits das Forum Romanum als Kommunikationszentrum für alle Bürger der Stadt. Nachdem eine Revolte der etruskischen Königsherrschaft ein Ende gesetzt hatte, wurde das Volk in der frühen Republik vom Senat und vom Magistrat unter Führung zweier Konsuln regiert. Nach langen Auseinandersetzungen zwischen Plebejern, der Masse des Volkes - Bauern, Handwerker und Händler - und Patriziern, der adeligen Oberschicht, werden den Plebejern durch die Zwölf-Tafel-Gesetze mehr Rechte zuerkannt. Die Be-

schlüsse der plebejischen Versammlung erhielten Gesetzeskraft. Es entstand eine neue Führungsschicht aus Patriziern und Plebejern, die alle politischen Entschlüsse und Entscheidungen im Namen von „Senat und Volk von Rom" verkündete. Die Römer gaben damit dem Senat vor der Gesamtheit aller Bürger besonderes Gewicht. Der Senat beriet die regierenden Beamten, stellte die Weichen für wichtige Entscheidungen und beschloss Wahl- und Gesetzesvorschläge für die Volksversammlung. Nur wenige Plebejer konnten politische Aufsteiger werden. Die senatorischen Geschlechter waren die reichsten Grundbesitzer des Landes, so dass der Senat stets die Interessen der reichen Oberschicht vertrat. Das Volk hatte eher eine passive Rolle und war durch zehn Volkstribunen im Senat vertreten. Die Macht im römischen Staat war zwar geteilt, aber die römische Staatsordnung war keine Demokratie.

Außenpolitisch geht Rom Bündnisse mit umliegenden Völkern ein, während gleichzeitig bedeutende Siege über die Etrusker errungen werden. Siege über die Gallier und Samniten ermöglichen eine weitere Expansion nach Norden, durch den Sieg über Apulien expandiert das Reich weiter nach Süden. Mit einem Heer von 700.000 Infanteristen und 70.000 Reitern wird Rom zu einer großen Streitmacht.

Die beiden ersten Punischen Kriege führen das Römische Reich zunächst an den Rand des Untergangs. Nachdem Hannibal jedoch dann endgültig besiegt ist, ist Roms Herrschaft über das westliche Mittelmeer nahezu gesichert. Erste Kolonien in Spanien, Korsika, Sizilien, Sardinien und in Afrika sollten zur Ausdehnung des Imperiums führen. Der Ausbau des römischen Straßennetzes und der Bau von römischen

Wasserleitungen werden in dieser Zeit besonders voran getrieben. Rom entwickelt sich zu einem bedeutenden internationalen Handelsplatz, wo sich viele wohlhabende Händler in ihren Villen und schönen Gartenanlagen ansiedelten.

Die Eroberungen im Osten führen zu einer Öffnung Roms für die Kultur der Griechen. So gelangen nun auch Literatur und Theater unter griechischem Einfluss zu ersten Höhepunkten.

Die Kriege des dritten und zweiten Jahrhunderts führen zu zahlreichen innenpolitischen Schwierigkeiten. Die Bauern verarmen, da sie sich als Soldaten mehr um die Kriege als um ihre Ländereien kümmern müssen. Ihr Land wird von vornehmen Familien billig erworben. Es entste-

hen auf der einen Seite Großgrundbesitz von riesigem Ausmaß, deren Bearbeitung die Großgrundbesitzer durch Sklaven erledigen lassen. Auf der anderen Seite entsteht ein Proletariat, das, da arbeits- und besitzlos, nichts zu verlieren hat und mit Anschlägen auf die Regenten seiner Enttäuschung Luft macht. Der Senat ruft um 100 v. Chr. den Notstand aus - bürgerkriegsähnliche Zustände waren Ausdruck der sozialen Auseinandersetzungen zwischen den Besitzlosen und den Reichen. In dieser Zeit können auf Vorschlag des Senats die Konsuln einen Diktator mit unbeschränkten Vollmachten an die Spitze des Staates berufen. In Rom baut Cäsar später seine Alleinherrschaft auf und lässt sich zum Diktator auf Lebenszeit ernennen. Er

behält den alleinigen Oberbefehl über das Heer und lässt sich alle hoheitlichen Vollmachten übertragen. Dies ist der Beginn des Kaisertums; Cäsars Nachfolger Octavian wird als Augustus der erste römische Kaiser. Als Inhaber aller Macht im Staate versucht Augustus die römische Ordnung wieder herzustellen. Der als Gott verehrte Kaiser veranlasst eine Reihe notwendiger Verwaltungsreformen. So wird z.B. die Armee völlig neu geordnet und die Versorgung der Stadt Rom mit Wasser und Getreide entscheidend verbessert. Schließlich schafft Augustus ein Berufsbeamtentum und verbessert so die Verwaltung der Stadt. Seine Herrschaft wird als „Goldenes Zeitalter" und als Zeitalter des Friedens bezeichnet und ist geprägt durch die Entstehung von Großbauten wie das Kolosseum, das Pantheon und die Neugestaltung des Forum Romanum. Die Volksmassen der Hauptstadt Rom werden durch die Abgabe von kostenlosem Getreide und prächtigen Zirkusspielen zufrieden gestellt. Vieles, was bei den Griechen üblich ist, ist bald auch in der Hauptstadt Rom selbstverständlich: Theateraufführungen, sportliche Wettkämpfe und festliche Umzüge. Im Zirkus finden Pferderennen, Elefantenkämpfe und Scheinkämpfe auf dem Pferd statt. Im Amphitheater vergnügen sich die Römer an blutigen Tierhetzen und Gladiatorenkämpfen. Hier werden Tiere gegeneinander gehetzt und wehrlose Menschen von Tigern und Löwen zerfleischt. Die Zuschauer ergötzten sich an diesen blutigen Vorführungen.

Die Zeit des Augustus ist auch die Krönungszeit der römischen Literatur durch die berühmten Dichter Vergil, Horaz und Ovid. Der Großteil des heute sichtbaren antiken Roms entsteht in diesem ersten Jahrhundert des Kaiserreichs. Mit dem Kaiser Domitian beginnt eine Phase der absolutistischen Kaiserherrschaft, die im zweiten Jahrhundert n. Chr. durch eine Regierungszeit abgelöst wird, die mit dem Wohlwollen des Volkes und im Einvernehmen mit dem Senat das römische Reich unter Marc Aurel zu Wohlstand führt. Mit dem Tod des Kaisers Marc Aurel zeichnet sich bereits der Niedergang der römischen Herrschaft ab. Probleme bei der Sicherung der Reichsgrenzen und Pestepidemien unter den römischen Truppen verunsichern die außenpolitische Lage des römischen Reiches. Das zweite Jahrhundert ist das Zeitalter der baulichen Großprojekte. Die Caracallathermen sollten zur Erholung der Bevölkerung dienen. Die Architektur ist durchdrungen von Philosophie. Berühmte bildhauerische Arbeiten wie die Säulen des Trajan und die Statue des Marc Aurel fallen in diese Zeit der Hochblüte des römischen Imperiums.

Das dritte Jahrhundert wird das Zeitalter der Soldatenkaiser genannt, weil das Heer den Kaiser bestimmte. Allerdings ist keiner der gewählten Herrscher in der Lage, dem Reich, das politisch und wirtschaftlich in einen desolaten Zustand geraten ist, wieder zum inneren Frieden zu verhelfen. Auch die Baukunst des zweiten Jahrhunderts lässt merklich nach und beschränkt sich im dritten Jahrhundert darauf, die bereits vorgefundenen Gebäude zu erhalten.

Bislang ist die Bevölkerung zum Glauben an römische Gottheiten zwar angehalten worden. Für den Großteil der Bevölkerung sind diese Götter ohne mythologischen Hintergrund nur schwer erfassbar. Für die ländliche Bevölkerung sind zuerst Götter von Bedeutung, deren Zuständigkeit in der Regelung des menschlichen Lebens liegt. Die herrschende Schicht orientierte sich an Gottheiten, die die Tugenden der Kaiser repräsentierten. Der Einfluss anderer religiöser Strömungen wird immer stär-

ker, so dass sich Wiederbelebungsversuche der altrömischen Religion durch die Nachahmung griechischer Religionskulte immer schwieriger darstellen. Die Anhängerschaft der neuen christlichen Religion nimmt stetig zu. Zunächst wird versucht, die christliche Religion im römischen Reich nicht aufkommen zu lassen. Die Kaiser lassen die Versammlungshäuser der Christen zerstören und ihre heiligen Schriften verbrennen. Wer die Opferhandlungen für den Kaiser verweigert, wird zu Gefängnis, Zwangsarbeit oder zum Tod verurteilt. Unter Kaiser Konstantin gewinnt die christliche Religion an Einfluss und entwickelt sich zur stärksten Religion. Zahlreiche Neubauten von Gotteshäusern entstehen.

Ab dem vierten Jahrhundert nehmen die Probleme des römischen Reiches an den germanischen Grenzen zusehends zu. Die Unruhen führen dazu, dass der Regierungssitz von Rom nach Mailand und danach nach Ravenna verlegt wird. Die Kriege mit den „Barbaren", den gotischen Stämmen, und den Langobarden führen zu einer Zerstörung der Stadt Rom. Die Caracallathermen müssen geschlossen werden, weil die Wasserleitung völlig beschädigt ist. Das Kolosseum ist dem Verfall preisgegeben, weil die Gladiatorenkämpfe als heidnische Spiele verboten sind. Die Bevölkerung wandert aus Angst vor Plünderungen aus. Der rasche Aufstieg zur Weltmacht wirkt sich ungünstig auf Rom und Italien aus. Das aus den eroberten Gebieten einströmende Kapital und die vielen Kriegsgefangenen, die Zwangsarbeit leisten müssen, führen dazu, dass der Großgrundbesitz weiter konzentriert wird, während die Bauern zusehends verarmen und schwere Verluste durch die Kriege hinnehmen müssen. Der große Zustrom zu den Städten, Proletarisierung und Korruption und die allgemeine Aufweichung der altrömischen Moralbegriffe treiben die Republik in eine Krise.

Erst im achten Jahrhundert sind erste Anzeichen einer besseren Versorgung in der Stadt festzustellen und die Bevölkerungszahl wächst langsam wieder an. Die Päpste manifestieren Rom zum Mittelpunkt der katholischen Welt. Heute ist Rom Hauptstadt der Republik Italien und ein beliebtes Reiseziel für Kunst- und Geschichtsinteressierte.

Die Erinnerung an die römische Geschichte lebt nicht nur beim Besuch der Hauptstadt Rom auf, sondern auch in Deutschland in Städten wie Köln, Mainz, Trier, Augsburg oder Regensburg. Zwischen 83 und 145 n. Chr. besetzen die Römer das Gebiet zwischen Donau und Rhein und errichten den Limes, einen 550 km langen, durchgehenden Grenzwall mit über 1.000 Wachtürmen. Der Limes führt von Bonn über den Taunus an den Main bis in die Nähe von Regensburg zur Donau. In diesem Gebiet regieren römische Grenztruppen und 30 Legionen mit 150.000 freien römischen Soldaten. Viele Germanen treten als Söldner ins römische Heer ein und verstärken als römische Bundesgenossen den Grenzschutz. Nach Ablauf einer fünfundzwanzigjährigen Zugehörigkeit erhalten die römischen Bundesgenossen das römische Bürgerrecht. Aus den Legionslagern und Kastellen entwickeln sich Siedlungen mit Handwerkern, Händlern, Bädern und Wohnhäusern für die Frauen und Kinder der Soldaten. Auch römische Gutshöfe und ein gutausgebautes Straßennetz befinden sich hinter dem Limes. Aus Römersiedlungen entstehen viele europäische Hauptstädte z.B. London, Paris, Wien. In Deutschland ist Trier eine der wichtigsten Römerstädte. Trier ist Kaiser-

residenz und Versorgungsmittelpunkt für das römische Rheinheer. Dort sind heute noch die Arena, die Kaiserthermen und die Halle des Kaiserpalastes zu besichtigen. Das Gebiet zwischen Rhein und Weser wird von den Römern niemals erobert. Um 9 n. Chr. findet dort die berühmte Varusschlacht statt, in der Arminius, der Stammesführer der Cherusker, dem Römischen Reich eine empfindliche Niederlage zufügt.

AUF DEN SPUREN DER „ALTEN" RÖMER

Vieles aus dem Leben der Römer ist uns durch die römische Literatur überliefert. Römische Dichtung und römische Geschichtsschreibung vermitteln ein vielfältiges Bild von Entstehung, Wachstum und Untergang dieser Kultur, die für Europa geradezu der Grundstein seiner weiteren Entwicklung wurde. Auch über die alltäglichen Sorgen und Freuden der Römer sind zahlreiche schriftliche Quellen vorhanden, die vieles aus dieser Epoche recht anschaulich machen.

Darüber hinaus verschafft uns die archäologische Forschung zahlreiche Einblicke sowohl in die römische Geschichte als auch und besonders in das römische Alltagsleben. Hier sei nur an die Funde aus Pompeji erinnert, die uns römischen Alltag geradezu „life" zeigen.

Die Arbeit des Archäologen wird häufig mit der eines Schatzsuchers verwechselt, der in der Erde nach verborgenen Schätzen gräbt. Die Goldschätze Trojas und die legendären Schätze der ägyptischen Grabkammern sind allerdings weniger das Ziel dieser Wissenschaftler. Nein, Gold wird außerordentlich selten gefunden und „gegraben" (der Laie stellt sich hier die Arbeit mit Spaten oder Schaufel vor) wird auch nicht - das Werkzeug ist meist wesentlich feiner.

Interessanterweise wurde insbesondere in Deutschland die Erforschung der Römerzeit, also die Suche nach den Spuren, die die Römer hier zahlreich hinterlassen haben, lange Zeit den Laien überlassen. Es waren z.B. Volksschullehrer und Landpastoren, Bücherwürmer oder höhere Schüler, die die archäologische Forschung in Deutschland im letzten Jahrhundert voran getrieben haben. Dabei war sicherlich Schatzgräberei auch ein Motiv, denn diese interessierten Laien waren zumeist selbst auch Sammler.

Erst Ende dieses Jahrhunderts wurden in Bonn und Trier die ersten deutschen Provinzialmuseen gegründet, bald gefolgt von ähnlichen Instituten, und erst damit widmete sich die Wissenschaft der archäologischen Forschung in Deutschland.

Ausgehend von Spuren in der Erdoberfläche - dies können schon Bodenverfärbungen aber auch kleine Fundstücke wie Tonscherben oder Überreste einer Mauer sein, trägt der Archäologe Schicht für Schicht des Bodens vorsichtig ab, um vorhandene Fundstücke zu bergen. Als Werkzeuge kommen dabei weniger Spaten und Schaufel, als vorzugsweise Messer, Spachtel und Pinsel zum Einsatz. Es ist nicht nur das Ziel des Archäologen, sämtliche Fundstücke so unversehrt wie möglich zu bergen, sondern ebenso geht es darum, die genaue Position der Stücke an der Ausgrabungsstelle und ihre exakte Lage zueinander festzuhalten, um später daraus eventuell Rückschlüsse ziehen zu können.

Gerade bei Funden aus der Römerzeit können solche Grabungsstellen recht großflächig sein, was natürlich die Arbeit bedeutend erschwert, weil manchmal hunderte von Kubikmetern Erde bewegt und durchsucht werden müssen. Leider stehen die Archäologen dabei fast immer unter Zeitdruck, denn, wenn irgendwo beim Bau einer Tiefgarage oder einer Wasserleitung der Bagger auf die Überreste einer römischen Mauer stößt, sollen die Wissenschaftler möglichst schnell und, ohne den Fortgang der Bauarbeiten zu stören, ihre Arbeit tun, was nicht immer so einfach möglich ist.

Trotz all dieser Einschränkungen hat die archäologische Forschung auch in Deutschland bedeutende Arbeit geleistet, und wir haben das Glück, an vielen Stellen in ganz Deutschland Überreste aus dieser Zeit bewundern zu können (vgl. Kapitel Fundstätten in Deutschland), so dass die direkte Begegnung mit den Spuren der Römer fast überall in Deutschland möglich ist.

Abschließend sei angemerkt, dass es dem Laien heute nicht gestattet ist, eigene Grabungen durchzuführen. Erlaubt ist lediglich das Sammeln von „Oberflächenfunden", das sind Fundstücke, die an der Erdoberfläche (z.B. auf frisch gepflügten Feldern) gefunden werden können. Aber auch diese Funde sollten dem zuständigen Amt für Bodendenkmalpflege gemeldet werden, wo auch alle anderen Beobachtungen, die auf archäologische Funde schließen lassen, angezeigt werden sollten. Insbesondere bei der Durchführung der weiter unten beschriebenen Archäologenspiele sollten die Kinder wissen, dass sie auf keinen Fall selbständig „Ausgrabungen" durchführen, wenn sie glauben, irgendwelche Anzeichen von Bodenfunden entdeckt zu haben, damit die Zeugnisse der Vergangenheit vor der Zerstörung bewahrt werden.

FELIX UND JULIA FINDEN EINEN SCHATZ

Felix und Julia sind Zwillinge. Sie gehen zusammen in den Kindergarten und werden in einem halben Jahr zusammen in die Schule kommen. Auf dem Weg vom Kindergarten nach Hause kommen sie an einer Baustelle vorbei. Besonders Felix bleibt dort immer wieder stehen. Den Bagger, der dort eine Baugrube aushebt, findet er doch zu spannend. Julia zeigt auf den Haufen, auf den der Bagger den Bodenaushub wirft. „Schau mal, Felix, ganz viele Steine sind da bei der Erde!" Tatsächlich, da liegen einige rote Steinstücke. „Das sind Tonscherben", weiß Felix. Und schon hat er eine große Tonscherbe in der Hand. „Das kann der Rest von einem alten Gefäß sein, so etwa habe ich neulich im Fernsehen gesehen." - „Stimmt", erinnert sich auch Julia, „so etwas kann 100 Jahre und noch älter sein. Nimm die Scherbe doch mit Felix, vielleicht ist sie sogar wertvoll!" Und das Stück Tonscherbe verschwindet in Felix Hosentasche.

Zu Hause haben die beiden die Tonscherbe schon fast vergessen, als die Mutter Felix ausgebeulte Hosentasche sieht. „Na, was für einen Schatz hast du denn heute gefunden?", fragt sie. Felix zeigt ihr die Scherbe und Julia erzählt mit leuchtenden Augen, dass das bestimmt eine ganz alte und besonders wertvolle Tonscherbe ist. Aber woher sollen wir das wissen? „Na ja", meint die Mutter „in unserer Stadt haben vor fast zweitausend Jahren mal die Römer gelebt. Möglich ist es schon, dass ihr vielleicht etwas Besonderes gefunden habt. Geht doch heute Nachmittag mal ins Römermuseum, wo wir vor ein paar Wochen mal waren. Vielleicht kann euch dort jemand sagen, was ihr gefunden habt."

Den Weg zum Römermuseum kennen Felix und Julia, weil in der Straße auch die Oma wohnt. Außerdem sind es nur fünf Minuten bis dorthin. Am Nachmittag stehen beide in der Eingangshalle des Museums. Die freundliche Frau an der Kasse unterhält sich gerade mit einem älteren Herrn, als die beiden ihren Schatz aus einer Zeitung auswickeln. „Na, was habt ihr denn da gefunden?", fragt sie die Kinder." - „Vielleicht ist das eine ganz alte Tonscherbe von den Römern", sagt Felix vorsichtig und aus Julia sprudelt es heraus: „Die ist bestimmt ganz besonders wertvoll!" „Zeigt mal", sagt der ältere Herr, der übrigens der Museumsdirektor ist, wie sich später herausstellt. Er schaut sich den „Schatz" an und stellt bedauernd fest: „Na, da habt ihr leider nur ein Stück eines alten Blumentopfes gefunden, aber tröstet euch, das geht uns Wissenschaftlern leider ganz oft auch so. Nur in seltenen Fällen finden sich Überreste von den Römern."

Und dann erzählt er den beiden Kindern von den Ausgrabungen, bei denen er dabei war, und wie viel Mühe es gemacht hat, die echten römischen Tonscherben vorsichtig aus dem Boden zu holen. Julia und Felix finden die Geschichten sehr spannend, nur Felix stört ein wenig, dass bei den Ausgrabungen nur ganz feine Werkzeuge genommen werden - leider wird ein Bagger dazu nicht gebraucht!

ARCHÄOLOGENSPIEL

Material: Gegenstände zum Vergraben (alte Tontöpfe etc.)

Alter: Varianten für alle Altersstufen sind möglich

Die praktische Tätigkeit des Archäologen lässt sich in diesem Spiel gut nachvollziehen. Zur Vorbereitung des Spiels werden verschiedene Gegenstände vergraben, die von der Spielgruppe gesucht werden sollen. Je nach Alter der SpielerInnen und verfügbarer Zeit sind verschiedene Variationen denkbar:

○ Innerhalb eines begrenzten Gebietes von etwa einem Quadratmeter wird ein Gegenstand vergraben, den die SpielerInnen suchen müssen.

○ Die SpielerInnen suchen innerhalb eines größeren Gebietes selbst nach den Stellen, die Erfolg versprechend für eine „Grabung" sind. Hier können die jungen ArchäologInnen z.B. auf frische Erdspuren achten, die anzeigen, dass hier etwas vergraben sein könnte.

○ Wenn leicht zerbrechliche Gegenstände vergraben werden, wird das Spiel etwas komplizierter. Jetzt müssen die SpielerInnen besonders vorsichtig zu Werk gehen, um ihre „Funde" nicht zu beschädigen.

○ Es werden mehrere Gegenstände (Tontöpfe unterschiedlicher Größe) erst zerschlagen und dann vergraben. Für die jungen Archäologen entsteht so das Problem, dass sie die Fundstücke vor dem Zusammensetzen der Gegenstände erst sortieren müssen.

○ Der Arbeit der „wirklichen" Archäologen kommt die letzte, schwierigste Spielvariante am nächsten.
Von jedem Gegenstand werden in diesem Falle ein oder zwei Stückchen **nicht** vergraben. Dann gelingt es natürlich nicht, die ausgegrabenen Fundstücke nach dem Sortieren richtig zusammenzusetzen, da ja einige Teile fehlen. Diese fehlenden Teile müssen von den jungen Archäologen aus einem anderen Material (z.B. Knetgummi) vor dem Zusammensetzen ergänzt werden.

Durch Kombination verschiedener Aufgaben kann das Archäologenspiel für ältere SpielerInnen so in seinem Schwierigkeitsgrad gesteigert werden, dass es zu einem mehrtägigen Projekt kommt. Dies spiegelt sicherlich die Arbeit der echten Archäologen am besten wieder. Nicht nur zu Beginn des Projektes müssen die Archäologen ihr Vorgehen planen, sondern die Planung muss immer wieder überprüft und gegebenenfalls abgeändert werden. Wenn genügend Zeit zur Verfügung steht, wird solch ein mehrtägiges „archäologisches Projekt" sicherlich einen hervorragenden Einstieg in die Beschäftigung mit den Römern abgeben.

"REKONSTRUKTION" EINER RÖMISCHEN VASE

Material: Zeichnung einer römischen Vase (z.B. Fotokopie der nebenstehenden Abbildung), Papier, Klebstoff, evtl. Buntstifte
Alter: ab 4 Jahren

Selten werden archäologische Funde von ganzen Gegenständen gemacht; in der Regel werden die Gegenstände in verschiedenen Bruchstücken gefunden, die von den Archäologen zusammengesetzt werden müssen. Um diese Arbeit nachzuvollziehen, wird die Zeichnung der Vase je nach Alter der Kinder in verschieden große Teile zerschnitten. Die Kinder versuchen die Vase zusammenzusetzen, indem sie die Teile auf einem Blatt richtig aneinanderkleben. Anschließend kann die Zeichnung koloriert werden.

WER FINDET DIE KAISERMÜNZEN?

Material: ca. 25 - 100 quadratische Tonpapierstückchen (ca. 5 x 5 cm), je zwei Abbildungen von drei römischen Kaisermünzen
Alter: ab 4 Jahren

Römische Münzen, auf denen häufig das Abbild eines Kaisers zu sehen ist, sind vielfach Objekte archäologischer Forschung. Darauf basiert dieses Spiel.

Je nach Alter der SpielerInnen wird mit 25 bis 100 kleinen Quadraten aus Tonpapier gespielt. Auf sechs dieser Tonpapierstückchen werden die „Münzen" aufgeklebt.

Die Kärtchen werden zu einem großen Quadrat auf dem Tisch ausgelegt, wobei die Kärtchen mit den Münzen mit der Abbildung nach unten auf dem Tisch liegen, die Münzen also nicht zu sehen sind.

Wie beim Memory darf nun jeder Spieler nacheinander zwei der Spielkarten umdrehen. Erwischt er dabei eine der „Münzen", so wird die Karte wieder verdeckt auf den Tisch gelegt. Alle Spieler merken sich natürlich, an welchen Plätzen die Münzen gelegen haben. Nach einigen Spielrunden, wenn mehrere der Münzen schon einmal aufgedeckt waren, werden bestimmt „Pärchen" erwischt. Ein solches Münzpärchen darf der Spieler, der es aufgedeckt hat, behalten. Gewonnen hat jeder, der ein Münzpärchen hat, aber auch die anderen Mitspieler haben ja durch ihr Aufdecken einzelner Karten einen Beitrag zum Erfolg der anderen „Archäologen" geleistet.

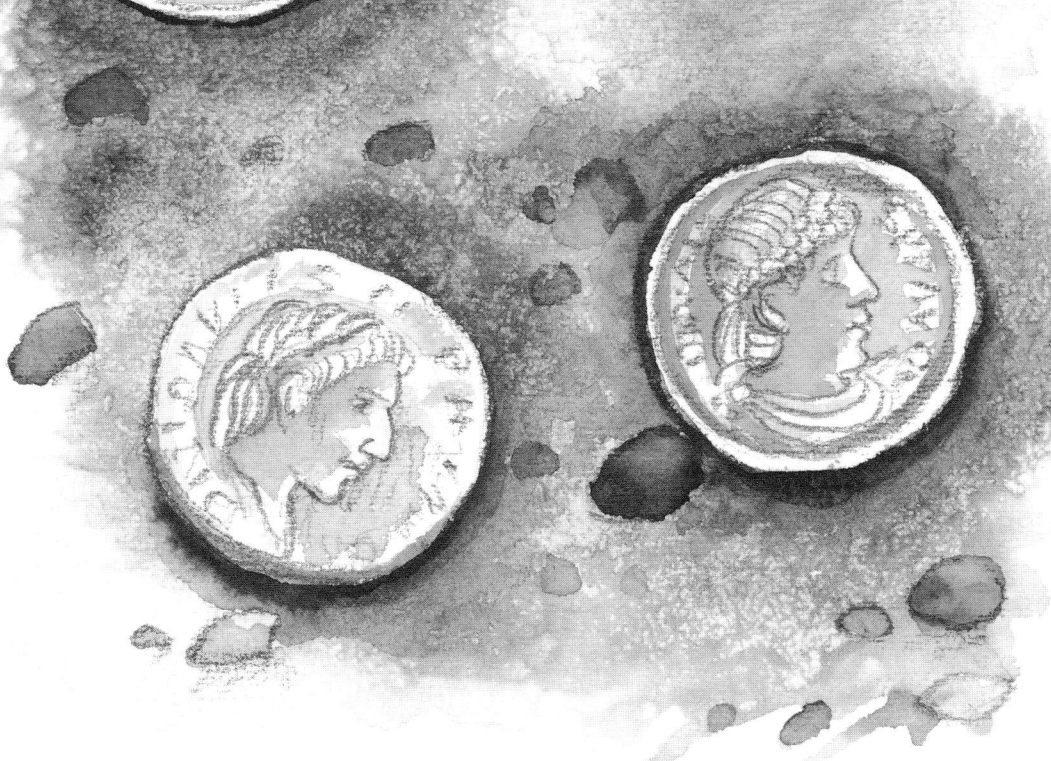

VILLA ET INSULA
Wohnen

Unsere Kenntnisse über die römische Wohnweise beruhen im Wesentlichen auf den Resten der ausgegrabenen Bauten selbst. Besonders in den römischen Vesuvstädten und in Ostia konnten die Archäologen zahlreiche Funde freilegen.

In weniger bevölkerten Gebieten wohnten römische Familien in kleinen oder größeren Einzelhäusern oder auf Gutshöfen. Häufig waren Wohn- und Arbeitsbereiche nicht getrennt. Die Werkstätten waren in diesen Häusern mit untergebracht. Die Häusergrundfläche und die Ausstattung dieser römischen „Villen" auf dem Lande waren abhängig von der sozialen und wirtschaftlichen Stellung der Bauherren. Diese Villen waren nach griechischem Vorbild erbaut und hatten unabhängig von ihrer Grundfläche alle einen ähnlichen Grundriss.

In den Provinzstädten war die einstöckige Bauweise üblich. Eine Villa bestand aus zwei Teilen, dem so genannten Atriumteil und dem rückwärtigen Peristylteil. Das Atrium war ein Lichthof, eine nach oben offene Halle, in deren Mitte ein Auffangbecken für das Regenwasser stand. Zwischen dem Atrium und dem Peristyl, einem wunderschönen Gartenhof, der mit einem Säulengang umgeben war, befand sich die Empfangshalle des römischen Hauses. Im Peristylteil, der häufig mit schönen Zierbeeten geschmückt war, konnte sich die römische Familie von der heißen Sonne erholen. Durch den Säulengang gelangte sie in ihre Privaträume. Dazu gehörte das Esszimmer und so viele Wohnzimmer, Schlaf-

räume und Wirtschaftsräume, wie sich die Familie leisten konnte.

Während auf dem Land dieser römische Haustyp prächtig erweitert werden konnte, waren die Villen in der Stadt Rom auf weniger Grundfläche begrenzt. Dort wurde nach dem gleichen Grundriss dann eben zweigeschossig gebaut. Die römische Villa der wohlhabenden römischen Familie war häufig prachtvoll mit Mosaikfußböden und Wandmalereien ausgestattet, wie durch Ausgrabungsfunde belegt werden konnte. Und so manche Villa hatte für die kalte Jahreszeit sogar schon eine Fußbodenheizung!

Aber längst nicht alle römischen Familien wohnten so vornehm. In der stark bevölkerten Stadt Rom lebten die meisten Römerinnen und Römer in Mietskasernen, in den römischen „insulae", die fünf bis sechs Stockwerke hatten. Es gab vornehmere Mietshäuser, bei denen das Erdgeschoss einem einzigen Inhaber gehörte. Bei den gewöhnlichen Mietshäusern bestand das Erdgeschoss allerdings aus einer Menge von verschiedensten Verkaufsläden, in denen die Ladeninhaber meist auch wohnten. Sie arbeiteten, kochten, aßen und schliefen mit ihren Angehörigen häufig in einem einzigen Raum.

Manche Mietshäuser waren vornehm verziert und bepflanzt. Die alten, in der Miete preiswerteren, Mietsblöcke für die ärmeren Römerinnen und Römer dagegen sahen schon sehr baufällig und heruntergekommen aus. Die oberen Stockwerke waren an sehr viele Bewohner vermietet und dennoch war die Miete den meisten immer noch viel zu teuer. Häufig musste die römische Familie unerträgliche Summen aufbringen, so dass sie gezwungen war, Zimmer unterzuvermieten. Wenn so viele Menschen unter einem Dach wohnen müssen, sind Konflikte an der Tagesordnung. Deshalb war in der Regel von der Hausverwaltung ein Untervermieter eingesetzt, der die Mieter aussuchte, für Frieden im Haus sorgte und vierteljährlich die Miete eintrieb, die er zu seinem eigenen Vorteil regelmäßig erhöhen durfte.

Es war kein Wunder, dass viele Römerinnen und Römer mit der Wohnsituation in ihrer Stadt unzufrieden waren, denn sonderlich komfortabel lebten sie in diesen Mietskasernen nicht. Weil es noch kein elektrisches Licht gab, drohte Feuergefahr an jeder Ecke des Hauses. Die Öllampen, Fackeln und Kerzen setzten die aus Holz gebauten, schweren Raumdecken schnell in Brand. Im Winter fehlte in diesen städtischen Wohnungen gleichmäßige Wärme, denn es gab keine Zentralheizungen, Kamine und Luftabzüge. Dazu kam, dass Fenster und Türen sehr schlecht isoliert waren.

Ähnlich katastrophal waren die sanitären Möglichkeiten in diesen Mietshäusern. Eine Wasserzapfstelle gab es nur im Erdgeschoss. Besonders für die Mieter der oberen Stockwerke war die Sauberhaltung ihrer Wohnungen ein schwieriges Problem, denn hatten sie sich mit viel Mühe Wasser nach oben geschleppt, fehlte ein Abguss, um das Schmutzwasser zu entsorgen. Alten Menschen blieb nichts anderes, als dass sie in ihrem Schmutz weiterleben mussten. Diese mangelhafte Hygiene führ-

te zu vielfältigen Krankheiten, Ungeziefer und - besonders im Sommer - zu einer unerträglichen Geruchsbildung in diesen Mietshäusern.

Noch unangenehmer erscheint das Problem der Toiletten, die sich ebenfalls im Erdgeschoss der Mietskaserne befanden. Die Stadt Rom verfügte zwar über zahlreiche öffentliche Toiletten - hübsch ausgestattet, sogar beheizt, als Treffpunkt gern genutzt und gegen geringes Eintrittsgeld für jeden erschwinglich! Nachts allerdings blieb den oben wohnenden Mietern nur der Nachttopf. Auch hohe Strafen konnten so manchen Spaziergänger nicht davor schützen, von der Entleerung eines solchen Nachttopfes betroffen worden zu sein!

Ob in Villen oder in Mietsblöcken - die Römer hatten erstaunlich wenig Mobiliar. Es bestand hauptsächlich aus Betten, auf denen sie aßen, lasen, schrieben und ihre Gäste empfingen. Dies lässt sich aus bildlichen Darstellungen und aus der antiken Literatur erschließen.

EINE ÜBERRASCHUNG VON OBEN

"Marius, " sagt der Vater, „tu mir doch einen Gefallen! Lauf eben zum Kaufmann Rufus ins Händlerviertel und bring ihm ein Geschenk von mir."

Marius ist der Sohn des Weinhändlers Gajus. Er lebt vor zweitausend Jahren in der großen Stadt Rom. Vater Gajus hat einen guten Auftrag von dem Kaufmann Rufus erhalten, er darf ihm 50 Amphoren Wein liefern, die Rufus in seinem kleinen Laden in Rom weiterverkauft. Um sich bei Rufus zu bedanken, schickt er ihm eine kleine, handgearbeitete Amphore mit besonders gutem griechischen Wein. Und die soll Marius jetzt zu Rufus bringen.

Marius ist stolz auf seinen Auftrag. Er macht sich auf den Weg von seiner Wohnung, einer Villa am Rande der Stadt zum Haus des Kaufmanns Rufus. Das Haus liegt mitten in der Stadt Rom in einer kleinen Gasse. Marius kennt den Weg so einigermaßen, weil er mit seinem Vater schon zweimal im Laden von Rufus war. Trotzdem ist es nicht einfach, sich mit der Amphore im Arm durch das Menschengewühl seinen Weg zu bahnen. Einer stößt ihm den Arm in die Seite, an einer anderen Stelle bekommt er fast ein Brett auf den Kopf. Fast wäre die Amphore auf den harten Boden gefallen und zerbrochen.

Endlich ist Marius im Händlerviertel angekommen und steht vor dem Haus des Kaufmanns Rufus. Zu beiden Seiten der Gasse stehen mehrstöckige Häuser. in jedem Haus ist unten ein kleiner Laden.
Als Marius den Laden betritt, fällt ihm auf, dass die Familie des Kaufmanns nicht nur im Laden arbeitet, sondern in einem dahintergelegenen Schlafraum auch wohnt.
Rufus ist nicht in seinem Laden, deshalb fragt Marius ein Kind, das gerade Oliven aus einer großen Amphore in kleine Behälter abfüllt: „Ist der Kaufmann Rufus nicht da? Ich soll ihm von meinem Vater, dem Weinhändler Gajus, etwas bringen." - „Mein Vater ist gerade weggegangen, um im Haus die Miete zu kassieren," sagt der Junge und schlägt vor, gemeinsam auf die Suche nach Rufus zu gehen.

Die beiden Kinder machen sich auf den Weg durch das Treppenhaus des großen Hauses. Es ist dunkel dort, fast ein bisschen unheimlich, findet Marius. Aber Sixtus, der Sohn des Kaufmanns, lacht nur. „Ich kenne mich hier so gut aus, wir werden uns schon nicht verlaufen." Im ersten Stock klopft er an die erste Tür. „Ist mein Vater hier?", fragt er höflich. „Nein," antwortet eine sehr alte, gebrechliche Frau. „Er war hier, um die Miete zu kassieren, ist aber jetzt bestimmt schon im zweiten Stockwerk."

So klettern die beiden Jungen ein Stockwerk höher. Hinter einer der letzten Türen hört Sixtus die Stimme seines Vaters. Dort klopfen die beiden an. Als der Wohnungsinhaber, ein zahnloser älterer Herr, die Tür öffnet, sieht sich Marius neugierig in der Wohnung um. Die ganze Wohnung besteht aus einem einzigen, nicht sehr großen und etwas dunklen Raum. Möbel hat der alte Mann kaum. Lediglich ein Bett, auf dem ein Strohsack liegt und ein kleiner Tisch befinden sich in dem Zimmer. Dafür liegt eine Menge alter Wäsche in einer Ecke und in einer anderen Ecke stapelt sich der Müll. Es riecht unangenehm und Marius ist froh, dass er dem Kaufmann die Amphore geben kann. So schnell wie möglich rennt er mit Sixtus nach unten.

„Ich habe gar keine Wasserleitung gesehen", wundert sich Marius. Sixtus lacht. „Das Wasser muss sich hier jeder Bewohner unten vorm Haus an der Wasserstelle abholen." - „Oh, wie umständlich", stöhnt Marius.

Als die beiden Kinder das Haus verlassen, weil Sixtus noch ein Stück mit Marius gehen will, landet direkt neben ihnen ein dicker Schwall Wasser auf dem Boden. „Oh, was war denn das", fragt Marius und springt erschrocken zur Seite. „Nun", lacht Sixtus, „damit musst du hier immer rechnen. In den Wohnungen fehlen nicht nur die Wasserleitungen, sondern auch die Abflüsse. Vielleicht war es nur Spülwasser - vielleicht aber auch etwas anderes!"

Strohsackbett

Material: Stroh, alter Jutekartoffelsack
Alter: ab 4 Jahren

Sicherlich ein bisschen gewöhnungsbedürftig aber dafür zünftig „römisch" mag das Strohsackbett erscheinen, auf dem in der Regel der nicht so wohlhabende Römer in der Nacht sein Haupt bettete.

Es ist nicht mehr so ganz einfach einen alten Kartoffelsack aus Jute zu besorgen. Bei Landwirtschaftsgenossenschaften oder bei einem Bauern lässt sich dieses Problem am besten lösen.
Ist der Kartoffelsack erst ergattert, ist das römische Strohsackbett schnell fertig: Der Sack wird mit Stroh gefüllt und oben zugebunden. Jetzt muss die römische Liegestatt nur noch eingeweiht werden, damit sie richtig in Form kommt.

Wir ertasten „antikes" Baumaterial

Material: Leinenbeutel, ein glattes und ein raues Holzstück, ein Stück Ziegel, ein Stück Mauerstein, ein Stück glatter Marmor oder Mosaiksteinchen, ein Filmdöschen gefüllt mit Nägeln, ein Pinsel und ein Farbkasten
Alter: ab 4 Jahren

Zum Bau antiker Häuser wurden vor allem Mauerstein und Balkenholz benötigt. Darüber hinaus wurden Eisennägel, Sand, Ziegelstein und Mosaikstein verwendet, sowie Pinsel und Farben zum Ausmalen der Gewölbezimmer.

Kinder können über ein Ratespiel diese Materialien gut unterscheiden lernen und angeregt werden, die Methoden des Hausbaus antiker und heutiger Häuser zu vergleichen.

In einem Leinenbeutel befinden sich die oben angegebenen Materialien. Einem Spieler werden die Augen verbunden. Nach der Aufforderung, einen Gegenstand aus dem Beutel zu ertasten, soll der Spieler das Material und den Verwendungszweck beim Hausbau erraten. Löst der Spieler die Frage nicht, bleibt der Gegenstand im Beutel, und der nächste Spieler versucht sein Rateglück. Wird das Material erraten, wird der Gegenstand aus dem Beutel herausgenommen und der nächste Spieler tastet nach einem weiteren Baumaterial aus römischer Zeit.

Dieses Spiel bietet nicht nur eine Motivation zur späteren Bildbetrachtung römischer Häuser und antiker Bauweisen, sondern regt darüber hinaus die taktile Wahrnehmung der Mitspieler an.

Wandteller

Material: Modelliermasse, Goldfarbe oder -spray, bunte Steinchen, runde Schüssel zum Ausstanzen
Alter: ab 8 Jahren

Wohlhabende römische Familien schmückten ihre Wände mit goldenen oder versilberten Wandtellern, die häufig mit Edelsteinen bunt verziert waren.

Aus Modelliermasse lassen sich schöne Teller formen.

Die Modelliermasse wird flach ausgewalzt und mit einer runden, auf den Kopf gestellten Schüssel zu einer ca. 2 cm dicken Platte ausgestanzt. Die Ränder des Tellers werden hochgebogen und mit einem Messer mit Zacken und Rundungen versehen. Der Tellerrand wird abschließend mit etwas Wasser geglättet.

Ist die Form des Tellers gelungen, werden kleine Muster mit einer Nadel in die noch weiche Modelliermasse eingeritzt und/oder kleine bunte Steinchen, die im Bastelladen erhältlich sind, eingearbeitet.

Die Modelliermasse braucht ungefähr eine Woche, bis sie durchgetrocknet ist und mit Goldfarbe bemalt oder besprüht werden kann. Sind Steinchen im Teller eingearbeitet, sollte er vorsichtig mit Goldfarbe und Pinsel bemalt werden. Mit Mustern verzierte Teller können mit Goldspray besprüht werden.

MIETSHAUS

Material: Hoher Pappkarton (z.B. Flaschenkarton), Pinsel, Dispersionsfarbe, Malerkittel, dicker schwarzer Filzstift
Alter: ab 4 Jahren (mit Hilfe)

Die römischen Mietshäuser waren häufig fünf Stockwerke hoch und hatten somit auch bis zu fünf Fensterreihen.

Der Flaschenkarton wird zunächst einfarbig angemalt. Für die Kolorierung eignen sich Brauntöne. Nach dem Trocknen werden die Fensterreihen mit einem dicken, schwarzen Filzstift aufgezeichnet. Im Erdgeschoss sollte eine Tür eingezeichnet werden.

Römisches Graffiti

Material: Große Bögen weißes Papier, Wasserfarbe/Fingerfarbe, Pinsel
Alter: ab 4 Jahren

Auf Spaziergängen durch römische Straßen ließen sich zahlreiche Nachrichten von beschriebenen und bemalten Häuserwänden ablesen. Da es noch keine Zeitung gab, brachten viele Römer Neuigkeiten auf diese Weise unters Volk. Eine solche Graffiti-Hauswand lässt sich gut selber gestalten.

Eine erlebte Szene kann mit Wasser- oder Fingerfarbe großformatig auf der Wand (die mit Papier ausgeschlagen ist) festgehalten werden. Die Betrachter können dann raten, um welche Nachrichten es sich handelt. Es ist auch möglich, durch eigene Zeichnungen oder Malereien einen Kommentar zu den Graffitis zu geben.

Wasserholen

Material: Spielplan (vergrößerte Kopie aus diesem Buch); verschiedenfarbige Spielfiguren (evtl. selbst gemacht aus Fimo); Würfel
Alter: ab 6 Jahren

In römischen Mietshäusern gab es nur eine Wasserzapfstelle im Erdgeschoss. Die Bewohner aus den oberen Etagen mussten ihr Wasser zum Putzen oder Kochen also einige Treppen hoch tragen. Bei diesem Wassertransport konnte natürlich manches Missgeschick passieren, bis hin zum Verschütten des geholten Wassers!

Die SpielerInnen bekommen jeweils eine Spielfigur. Beliebige Spielfiguren können auch leicht aus verschiedenfarbigem Fimo modelliert und dann im Backofen bei 130 Grad circa 20 bis 30 Minuten gebrannt werden.

Es wird abwechselnd gewürfelt. Jeder Spieler darf seine Spielfigur so viele Felder nach oben setzen, wie er Augen gewürfelt hat. Kommt er dabei auf eine Treppenstufe mit „Hindernissen", muss er die Anweisung befolgen. Gewonnen hat, wer als erster seinen Wassereimer sicher im 6. Stockwerk hat.

WASSERHOLEN!

GESCHAFFT!

WASSER VERSCHÜTTET! UNTEN WIEDER ANFANGEN!

PLAUSCH MIT NACHBARN! 1x AUSSETZEN!

STREIT IM TREPPENHAUS! ZWEIMAL AUSSETZEN!

WASSER VERSCHÜTTET! UNTEN WIEDER ANFANGEN!

DER NACHBAR RUFT! 6 FELDER ZURÜCK

WASSER VERSCHÜTTET! UNTEN WIEDER ANFANGEN!

DU GEHST ETWAS SCHNELLER! NOCH EINMAL WÜRFELN!

START!

Feuerlöschen

Material: gleiche Gefäße für alle SpielerInnen; Wasser
Alter: ab 4 Jahren

Es kam in Rom häufig vor, dass die meist aus Holz gebauten Häuser brannten. Wichtig war dann natürlich, dass rechtzeitig Wasser zur Stelle war.

Die SpielerInnen bilden zwei Gruppen und stellen sich in zwei Reihen nebeneinander auf. Alle erhalten gleich große Gefäße - das erste Gefäß einer Reihe ist mit Wasser gefüllt. Etwa zehn Meter von den SpielerInnen entfernt stehen zwei Gegenstände als Ziel (z.B. Markierungskegel oder ein Stuhl). Auf ein Zeichen der Spielleitung läuft das erste Kind jeder Gruppe in Richtung Ziel, läuft um das Ziel herum und wieder zurück zur Gruppe. Hier wird das Wasser in den Becher des zweiten Kindes geschüttet und das zweite Kind läuft los usw. bis zum letzten Kind der Gruppe. Gewonnen hat die Gruppe, die zum Schluss das meiste Wasser zum Löschen übrig hat!

Mosaik

Material: dünne Leisten für den Holzrahmen (ca. 1 x 1 cm); Gips, bunte Steinchen oder Keramikscherben, Spachtel, Löffel, Gipsbecher
Alter: ab 6 Jahren, Variante ab 4 Jahren

Das Römisch-Germanische Museum in Köln steht auf den Mauern einer römischen Villa mit dem weltberühmten Dionysosmosaik. Solche Fußbodenmosaiken hatten die römischen Familien in den Haupträumen ihrer Wohnhäuser. Sie dienten zur Repräsentation und vermittelten Lebensgenuss.

Zur Herstellung eines Mosaiks muss zunächst ein Holzrahmen angefertigt werden. Die Leisten werden je nach gewünschter Größe des Mosaiks zugeschnitten und mit dünnen Stiftchen zu einem Rahmen verbunden. Manchmal reicht es, sie mit einem Tacker zu verbinden.

Bevor die Mosaiksteinchen fest installiert werden, sollte das Mosaikbild auf einem Tisch aus den kleinen bunten Steinchen gelegt werden. So sind Korrekturen noch möglich und die Gestaltung des Mosaiks ist noch veränderbar. Der Rand (Rahmen) des Mosaiks wird als sich wiederholendes Muster mit gleichfarbigen oder bunten Steinchen gelegt. In der Mitte wird das Motiv, z.B. die Darstellung einer Pflanze, einer Frucht oder eines Tieres oder auch eine Darstellung aus einer kleinen Geschichte gestaltet.

In einen halb mit Wasser gefüllten Gipsbecher, wird langsam soviel Gips hineingegeben, bis er nicht mehr im Wasser wegsackt. Diese dünnflüssige Masse wird vorsichtig umgerührt und mit einem Löffel in den Holzrahmen gefüllt, der vorher auf eine Lage Zeitungspapier gelegt wurde. Mit einem Spachtel wird die Gipsmasse glatt gestrichen.
Jetzt können die Mosaiksteinchen auf den Gips aufgelegt werden. Die Gipsmasse braucht einige Stunden zum Trocknen. Erst dann kann das Mosaikbild aufgestellt werden.

Hinweis: Für kleinere Kinder bietet sich an, den Holzrahmen vorzubereiten und mit dem angerührten Gips zu füllen. So können die Kinder direkt mit den bunten Steinchen farbige Muster oder einfache Motive (Blume, Gesicht) einlegen.

TOGA ET TUNIKA
Die Kleidung

Kleider machen Leute - dieser Leitsatz galt sicherlich ebenso im alten Rom, auch wenn sich die gebräuchlichsten Kleidungsstücke der Römerin und des Römers auf einige wenige beschränkten. Die wichtigste historische Quelle, über die wir erfahren können, wie die Kleidung ausgesehen haben mag, sind Grabreliefs, auf denen sich die römische Familie mit ihrer schönsten Kleidung und dem wertvollsten Schmuck darstellen ließ.

Männer wie Frauen trugen als Unterkleid einen einfachen Lendenschurz (subligaculum) aus Leinen. Für die römischen Damen gab es auch Mieder und Büstenhalter. Die Tunika war für die Männer und Frauen das Alltagsgewand, ein Kleid aus weißem Leinen oder Wolle. In frühester Zeit war die Tunika ärmellos, in späterer, alt-römischer Zeit war das Kleid mit kurzen oder halblangen Ärmeln versehen und bestand aus zwei geraden Stoffbahnen, die zusammengenäht von kurz unterm Knie bis zu den Waden reichen konnten. Gingen die Römerinnen und Römer außer Haus, trugen sie über der Tunika noch einen Gürtel, um das Kleid ihrer Körperform etwas anzupassen. Im Winter trugen sie sogar manchmal zwei Tuniken übereinander.

Über der Tunika trugen die römischen Männer die Toga. Die Toga war nicht nur ein wärmender Mantel, sondern es war ein Gewand, das den römischen Bürger von allen Unfreien und Nichtrömern unterschied, denn nur der römische Bürger durfte die Toga tragen. Der Überwurf aus Wollstoff hatte die Form eines Kreissegments, dessen Größe modisch variierte. Es war recht schwierig, diese riesige Toga umzuhängen, zumal der Stoff sehr schwer war.

Das eine Ende der Toga fiel von der linken Schulter vorn auf die Füße herunter, während das andere Ende über den Rücken unter der Achsel hindurch geführt und über die Schulter geworfen wurde. Bis der geordnete Faltenwurf saß, konnte es schon eine Weile beim Ankleiden dauern. Die gewöhnliche Toga, die die römischen Männer im Alltag trugen, war weiß. Die Farbe und Breite der Bordüren auf der Toga zeigten, ob der Träger dem Patrizier-, Ritter- oder einfachen Bürgerstand angehörte. Römische Beamte und Priester trugen eine Toga mit purpurfarbenen Besatzstreifen.

Frauen bevorzugten die Palla, einen farbigen Mantel mit Kapuze. Die Römerinnen liebten feine, farbenfrohe Stoffe aus Baumwolle oder Seide. Dabei achteten sie sehr darauf, dass die Farben ihrer Kleider gut aufeinander abgestimmt waren und ihnen zu Gesicht standen.

Die Farbenpracht der schönen Stoffe, die aus Indien, Ägypten und Persien stammten, wurde durch zusätzliches Färben in Rom ergänzt. Spezialfärber boten dafür ihre Dienste an und erreichten aus pflanzlichen, tierischen und mineralischen Färbesubstanzen die leuchtendsten Stoffe.

Die farbenfrohe Palla trug die Römerin auch häufig in der Nacht, so dass sie morgens nur noch schnell in ihr passendes Schuhwerk schlüpfen musste. Da Socken und Strümpfe in Rom gänzlich unbekannt waren, kostete auch das nicht viel Zeit.

Die Sandalen, deren Sohlen mit Schnüren an den Knöcheln befestigt waren oder Lederhalbschuhe, für den Winter geschlossene Halbstiefel, boten den geeigneten Schutz für die Füße. Der Ausgehschuh war der calceus; er kennzeichnete den römischen Bürger ebenso wie die Toga. Dieser Schuh war aus weichem Oberleder mit einem gamaschenartigen Schaftteil über dem Knöchelgelenk gefertigt. Der Frauenausgehschuh war oft weiß und zierlicher gearbeitet als der Männerschuh.

Zahlreiche Funde belegen, dass die Römerinnen und Römer ihre Mäntel zu manchen Zeiten mit so genannten Fibeln schlossen. Ebenso benutzten sie kunstvoll gestaltete Gürtelschließen, die für das Gürten der Tunika erforderlich waren.
Wohlhabende Römerinnen besaßen zahlreiche Schmuckstücke, um sich zu verschönern. Ohrringe, Halsketten und Fingerringe waren oft aus den kostbarsten Materialien gefertigt und mit Edelsteinen besetzt. In unsicheren Zeiten versteckten die römischen Familien ihren wertvollen Besitz, zu dem nicht nur Bargeld, sondern auch die Schmuckstücke der Hausherrin gehörte.
Beim Vesuvausbruch in Pompeji (79 n. Chr.) ist reichlich Geld, Schmuck und Familiensilber verschüttet worden und erst in späterer Zeit durch Archäologen wieder entdeckt worden. Daher wissen wir, dass die Römerinnen gerne Armreifen oder Reifen an den Fußknöcheln trugen und ihr Haar häufig mit kostbaren Diademen schmückten.

Eine spezielle Kindermode gab es in Rom nicht. Die Kinder trugen die gleiche Tracht wie die Erwachsenen - nur eben kleiner.
Über die vielen Jahrhunderte des altrömischen Reiches gab es verschiedenste Modeströmungen. Auch unterschied sich die Mode der Menschen, die auf dem Land lebten, deutlich von der Mode in der Stadt, die sich meist an dem neuesten Trend des Kaiserhauses orientierte.

FELI UND ALPINE SCHMINKEN SICH

Senator Gajus und seine Frau Phyllis haben drei Töchter. Die älteste Tochter Diana ist vierzehn Jahre alt und schon eine richtige junge Dame. Ihre kleinen Schwestern Feli und Alpine liebt sie sehr, obwohl die beiden ihrer Meinung nach nur Unsinn im Kopf haben.
Heute ist Diana zu einem Fest eingeladen. Sie hat sich dafür besonders chic gemacht. Ihre Schwestern staunen nicht schlecht, denn Diana trägt ein Diadem mit Edelsteinen, ist bunt geschminkt und sieht ganz verändert aus.
Mit ihrer dunkelroten Palla sieht sie richtig elegant aus, als sie die vornehme Villa des Senators verlässt.

„Diana sieht ja heute zum Piepen aus", bemerkt die dreijährige Alpine, als die Haustür ins Schloss gefallen ist. „Hast du gesehen, wie viel Farbe sie im Gesicht hatte?", wundert sich Feli, eine pfiffige Fünfjährige, die eigentlich Felicitas heißt. „Diana war kreidebleich im Gesicht, das war doch weiße Schminke, oder?", fragt Alpine. „Klar doch", versichert Feli, „unsere Diana ist doch nicht krank. Sie hat sich nur so angemalt wie Mama das auch manchmal macht. Mama trägt bei Festen sogar eine blonde Perücke. Aber dafür hatte Diana heute ganz viele Edelsteinklunker um den Hals."

Plötzlich kommt den beiden eine Idee. Sie wollen sich genauso chic zurecht machen wie ihre große Schwester: mit weißem Gesicht, rußschwarzen Augenbrauen und Wimpern und rot gefärbten Lippen und Wangen. Sie beschließen in Dianas Zimmer nach der Schminke zu suchen.
Die beiden müssen etliche Zeit suchen, bis sie eine Schachtel finden, in der sich einige Döschen befinden.
„Ich habs gefunden!", freut sich Feli und öffnet die kleinen Behälter. Tatsächlich, in einem etwas größeren Döschen ist die weiße Schminke, in zwei kleineren Döschen finden die beiden Mädchen die rote Ockerfarbe und den schwarzen Ruß.
Alpine öffnet ein weiteres silbernes Döschen und fragt: „Was ist denn das für eine Schminke?" - „Ich glaube, das tut sich Diana immer auf ihre Zähne, jedenfalls habe ich sie schon einmal dabei beobachtet. Komm, wir probieren's mal aus!", schlägt Feli vor. „Iiih, das schmeckt ja scheußlich!", ruft Alpine und spuckt das Pulver sofort wieder aus.
Alpine hat Hornpulver probiert, das lässt die Zähne ganz weiß strahlen, aber es schmeckt wohl nicht sehr gut.
Dann schmiert sich Alpine dick weiße Schminke ins Gesicht, so dass selbst ihre dunklen Augenbrauen ganz weiß sind. Ihre Schwester weiß Rat: „Deine Augenbrauen färben wir schwarz, komm, ich helfe dir." Das ist einfacher gesagt als getan. Das Rußpulver färbt nicht nur die Augenbrauen, es verteilt sich auch auf Alpines Backen. „Macht nichts!", meint Feli, die Wangen müssen sowieso noch rot geschminkt werden." Schnell greift sie in das dritte

Schminkdöschen und malt ihrer Schwester mir der roten Ockerfarbe die Wangen und Lippen an.

Alpine sieht jetzt wirklich kunterbunt aus. Das gefällt Feli und flugs hat auch sie sich bunt geschminkt. Die beiden können sich kaum halten vor Lachen, wenn sie sich nur angucken!

Da hören sie auf einmal lautes Rufen: „Alpine! Felicitas! Wo seid ihr denn bloß? Wir wollen doch gemeinsam in die Stadt gehen!"

Aber daraus wird so schnell nichts. Felis und Alpines Mutter steckt ihre beiden buntgefärbten Kinder erst mal in den großen Badezuber!

RÖMISCHE KLEIDUNG

Die Herstellung römischer Kleidung erfordert die Mithilfe eines Erwachsenen. Aus diesen Gründen fehlen bei diesen Spielvorschlägen die Altersangaben. Als Materialangabe kann pauschal das übliche Nähwerkzeug (Schere, Nadel, Faden, Nähmaschine etc.) angegeben werden. Bei Spielvorschlägen, bei denen das Nähen mit der Nähmaschine erforderlich ist, wird eine einfache Variante aufgezeigt. Die für die Herstellung der Kleidung notwendigen Stoffe oder Ersatzmaterialien aus dem Altkleidersack werden in der Beschreibung des jeweiligen Kleidungsstückes angegeben.

Frauentunika

Die römischen Frauen trugen die Tunika knöchellang.

Die Frauentunika besteht aus zwei geraden Stoffbahnen. Die Weite und die Länge der Bahnen richtet sich nach der Person, für welche die Tunika hergestellt wird.

Die Stoffbahnen werden so aneinander genäht, dass Öffnungen für den Hals und die Arme bleiben.

Eine einfachere Variante, die das Nähen erspart, lässt sich aus alten übergroßen

T-Shirts herstellen. Dabei werden nur die Ärmel abgeschnitten und schon ist die Tunika fertig!

TUNIKA   STOLA

30

Frauenstola

Über der Tunika trugen die römischen Frauen ein weiteres Gewand in gleicher Länge, die Frauenstola. Die Stola hatte Ärmel und wurde mit einem Gürtel getragen. So eine Stola kann wie eine Tunika mit der Nähmaschine oder ebenfalls aus einem großen T-Shirt hergestellt werden. Die Nähte an Schulter und Ärmeln werden mit Perlen und farbigen Stichen verziert.

Palla

Die Palla war das Obergewand der Römerinnen und wurde aus farbigen, feinen Stoffen gefertigt. Die feinen Materialien, Seide oder Baumwolle, wurden mit zarten Farben gefärbt.

Aus einer alten, einfarbigen runden Tischdecke lässt sich schnell eine Palla herstellen. Der Stoff wird zunächst zum Halbkreis gelegt und dann vorsichtig aufgenommen. Die Mitte des halbkreisförmigen Stoffes wird am Hinterkopf fest gehalten, dann wird der linke Teil über die rechte Schulter nach vorne gelegt und der rechte Teil elegant in Falten nach vorne gelegt. Die Palla ist dann wie ein Kapuzencape um Kopf und Körper geschlungen. Zur besseren Befestigung der Palla eignet sich eine Sicherheitsnadel oder eine Schmucknadel.

PALLA   LACERNA   TUNIKA   TOGA

Männertunika

Die Männertunika erinnert an ein kurz-ärmeliges Männernachthemd. Sie wurde je nach Stellung des Römers knielang oder knöchellang getragen.

Die Männertunika kann aus einem T-Shirt in Übergröße hergestellt oder aber aus alten, weißen Stoffen genäht werden.
Zunächst wird die gewünschte Länge von der Schulter bis zum Knie oder Knöchel ausgemessen. Die Weite ergibt sich durch die Hüftweite plus 10 cm Stoffzugabe. Ein Ärmel besteht aus einem rechteckigen Stück Stoff, dessen Länge von der Schulter bis knapp zum Ellenbogen gemessen wird.
Die Ärmel werden nach dem Zusammennähen der beiden Stoffbahnen gerade angesetzt.

Lacerna

Die Lacerna entspricht der Frauenstola. Die römischen Männer trugen die Lacerna über der Tunika.

Ein circa 60 cm breiter Schal von bis zu circa 2 m Länge wird an einem Ende in Falten gelegt und mit einer Schmucknadel an der linken Schulter befestigt. Das Tuch wird dann von links oben elegant über den rechten Arm nach hinten geworfen und so weit es die Länge erlaubt entweder mit dem Anfang der Lacerna an der linken Schulter mit der Schmucknadel befestigt oder wieder über den rechten Arm gelegt.

Toga

Die Toga war für den römischen Bürger ein wichtiges Kleidungsstück und Statussymbol.

Die Toga besteht aus einem halbkreisförmigen Wolltuch, dessen Durchmesser bis zu 2,80 m sein kann. Die Länge von der Taille bis zum Fuß sollte der Hälfte der Längsseite der Toga entsprechen.
So wird die Toga gewickelt: Das linke Ende der Geraden wird an die rechte Hüfte gesteckt. Dann werden von der Bauchmitte nach links einige Falten gelegt und der Stoff von links hinten über die rechte Schulter nach vorne gezogen. Der Umhang sollte zu einem schönen Faltenwurf drapiert werden.

Als Material für die Herstellung einer Toga eignen sich alte, einfarbige, runde Tischdecken oder alte zurechtgeschnittene Vorhänge oder Wolldecken.

MODENSCHAU

Material: römische Kleidungsstücke
Alter: ab 4 Jahren

Eine römische Modenschau darf nach der Herstellung römischer Kleidung und deren mühseliger Gestaltung natürlich nicht fehlen!

Die „Models" präsentieren nacheinander ihre Mode. Das Schreiten und Verbeugen sollte vorher eingeübt werden. Mit feierlicher Musikuntermalung wird die Modenschau zu einem besonderen Vergnügen für das Publikum.

ROLLENSPIELE

Material: römische Kleidung
Alter: ab 4 Jahren

Als Römer und Römerin verkleidet lassen sich wunderbare Rollenspiele erfinden. Den Kindern wird eine Szene beschrieben, die sie dann weiter spielen können:

○ eine feine Dame geht zum Frisör

○ im Wartezimmer des römischen Arztes

○ zwei Kinder löschen ein Feuer in einem Mietshaus und retten die Mieter

○ ein reicher römischer Herr will eine Villa kaufen und lässt sich diese zeigen. Dabei begegnet er vielen Hausbewohnern, die ihm einige Geschichten erzählen.

Oft haben die Kinder schnell eigene Ideen, die sie ins Spiel bringen können.

RÖMISCHER FOTOTERMIN

Material: römische Kleidung, evtl. Requisiten
Alter: ab 4 Jahren

Ein gelungenes Erinnerungsfoto kann eine Rollenspielszene oder eine Gruppe von verkleideten Römerinnen und Römern darstellen.
Bevor sich die DarstellerInnen in Positur für den Fototermin begeben, sollte besprochen werden, welche Haltung sie einnehmen sollen. Wesentlich ist auch der Gesichtsausdruck des jeweiligen Fotomodells. Ein römischer Feldherr guckt anders, als eine elegante römische Dame.

Die Gruppe stellt sich in römische Gewänder gekleidet zu einer Szene (evtl. mit Requisiten) oder zu einem Gruppenbild auf und verharrt dann einige Minuten in einem „stillen Bild", um sich bewundern lassen.

Die ZuschauerInnen können die dargestellte Szene oder die Rollen der Fotomodelle erraten und beschreiben.

GEWITTERLAUF

Material: römische Kleidungsstücke, Hindernisparcour
Alter: ab 4 Jahren

Römische Frauen und Männer sind in ihren prächtigen Trachten meistens vornehm geschritten. Umso lustiger ist die Vorstellung, dass sie auf einem Markt von einem plötzlichen Gewitter überrascht werden und einige Hindernisse überwinden müssen, bis sie das trockene Ziel erreichen.

Ein Hindernisparcour kann individuell mit vorhandenen Materialen/Spielgeräten gestaltet werden. Dabei sollte das Alter und die motorischen Fähigkeiten der jeweiligen SpielerInnen berücksichtigt werden.

DAMENOHRRINGE

Material: dünner Silberdraht, kleine Silberdrahtzange, Alu-, Gold- oder Silberfolie
Alter: ab 8 Jahren

Ohrringe waren in spätrömischer Zeit besonders in den südlichen Landesteilen ein besonders beliebter Schmuck der Frauen.

Ein etwa 4 cm langes Stück dünner Silberdraht wird zu einem Ohrringhaken geformt, indem mit Hilfe einer Silberdrahtzange ein „U" aus dem Silberdraht gebogen wird. An einem Schenkel des „U" wird mit der Silberdrahtzange ein kleines Häkchen gebogen. Aus einem Folienstreifen von etwa 8 cm Länge und 3 cm Breite wird ein dünnes Band zusammengedreht. Die beiden Enden werden zusammengenommen und wie in der Abbildung gezeigt zusammengedreht. Der Ohrringhaken wird an dem Ohrhänger befestigt, indem oben am Ohrhänger ein Loch durchge-

bohrt wird und der Silberdrahthaken durchgezogen und mit der Zange geschlossen wird.

DAMENCOLLIER

Material: Alu- oder Silberfolie, Nadel, Faden, Schere, Klebstoff
Alter: ab 8 Jahren, Variante ab 4 Jahren

Wohlhabende Frauen trugen gerne große verzierte Silberscheiben an einer Kette oder an einem Silberreifen um den Hals.

Für den Silberreifen werden zwei 10 cm breite und 50 cm lange Streifen Folie gebraucht. Die beiden Streifen werden zunächst gefaltet und einzeln zusammengedreht, bevor sie miteinander verzwirbelt werden.

Die Silberscheibe wird aus 10 Schichten Folie hergestellt, die miteinander verklebt und zu einem Kreis ausgeschnitten werden. Je nach Belieben die Scheibe mit einer Nadel schön verzieren.

Zum Schluss werden beide Enden des Silberreifens an die Oberseite der Silberscheibe angenäht.

Variante für die Kleinen

Für kleinere Kinder wird die Silberscheibe vorbereitet. Die Kinder können dann einfache Verzierungen der Scheibe mit einer stumpfen Nadel selbst vornehmen. Als Motive eignen sich Punkte oder Kreuzchen.

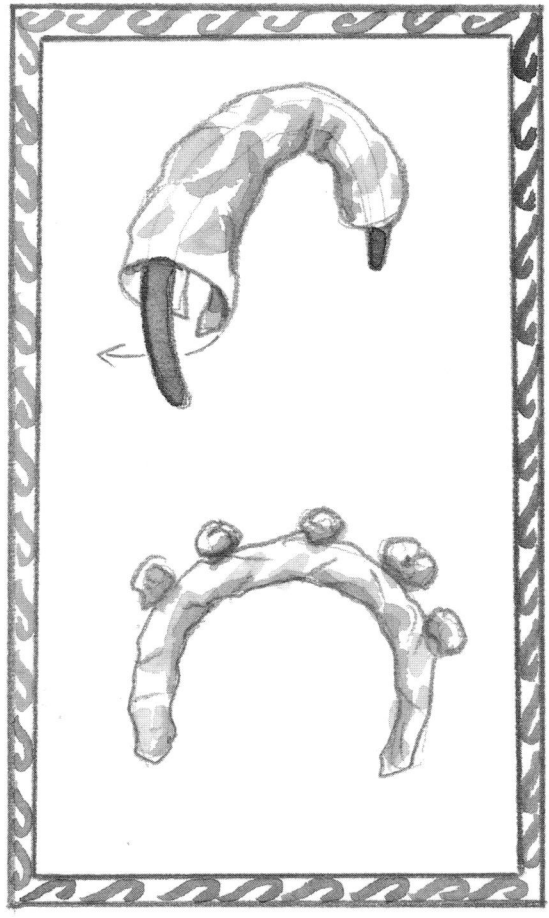

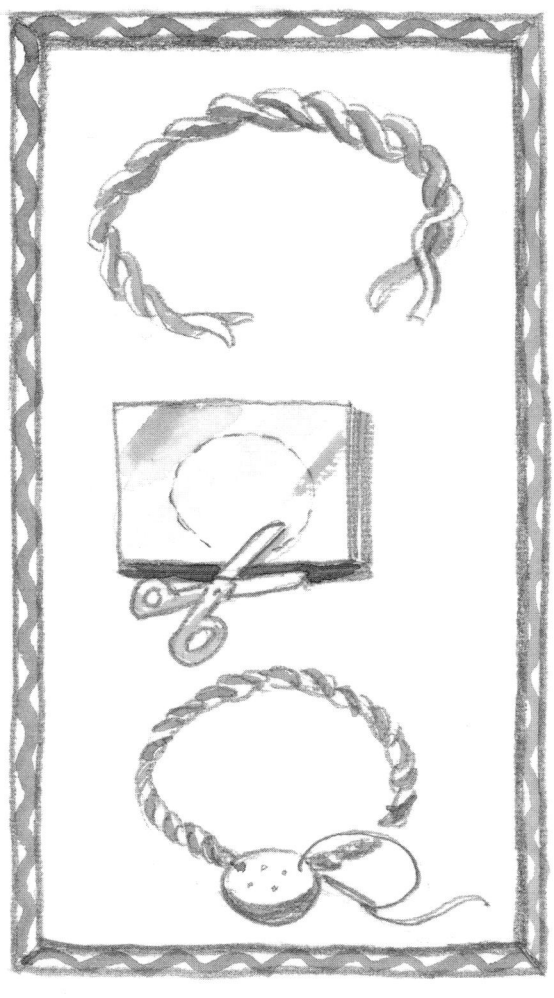

DIADEM

Material: einfacher Haarreif, Alufolie oder Gold- oder Silberfolie, Klebstoff
Alter: ab 4 Jahren

Die römischen Frauen trugen kostbare Diademe nicht nur an Festtagen sondern auch im Alltag.

Der Haarreifen wird mit Folie umwickelt, wobei zu beachten ist, dass die Folie gut an den Reifen angedrückt wird, damit sie sich nicht mehr löst. Aus kleinen Stückchen Folie können kleine Kügelchen gedreht werden, die dann oben am Haarreifen aufgeklebt werden.

WIR SCHMINKEN UNS WIE DIE RÖMERINNEN

Material: Theaterschminke (weiß, rot, schwarz), eventuell Schminkumhang oder kleines Handtuch mit Sicherheitsnadel
Alter: ab 4 Jahren (mit Hilfe)

Für die Frau von Welt war es in Rom eine Selbstverständlichkeit, sich zu schminken.

Wenn die Kinder Spaß daran haben, sich schminken zu lassen oder sich selber zu schminken, wird zunächst weiße Farbe auf dem ganzen Gesicht dünn aufgetragen. Die Augenbrauen werden mit schwarzer Farbe nachgezogen und die Wangen und die Lippen rot gefärbt.
Um die Kleidung zu schützen, ist es sinnvoll, ihnen einen Schminkumhang oder ein kleines Handtuch umzulegen.

ARMREIFEN

Material: Alu-, Gold- oder Silberfolie
Alter: ab 6 Jahren

Die römischen Frauen trugen gerne Armreifen, paarweise und wohl auch einzeln.

Für die Gestaltung eines Armreifens werden vier 3 cm breite und etwa 30 cm lange Streifen Folie benötigt. Die Streifen werden zunächst gefaltet und dann dünn zusammengedreht. Anschließend werden die vier entstandenen Silberfäden miteinander verzwirbelt.
Die beiden Endstücke des jetzt entstandenen dicken Silberstreifens werden zum Abschluss fest aneinander gedrückt.

SIEGELRING

Material: Alu- oder Silberfolie, Schere, Klebstoff
Alter: ab 6 Jahren

Einige Männer im alten Rom trugen gern einen Siegelring, mit dem sie ihre Schreib-kenntnisse dokumentieren und betonen konnten, wie gebildet sie waren.

Die eisernen Ringe sahen wie Silber aus, wenn sie neu waren. Aus diesem Grund eignet sich als Bastelmaterial Alu- oder stärkere Silberfolie.
Zuerst wird ein etwa 10 cm langer und 3 cm breiter Streifen Alufolie zweimal so zusammengefaltet, dass der Streifen etwa 1/2 cm breit ist. Der Streifen wird zusammengeklebt und danach über einen runden Bleistift gezogen, so dass er eine runde Form erhält. Am Finger wird der Ring der Dicke des Fingers angepasst. Auf den Ring wird als Siegel eine etwa pfennig-große Platte aus mehreren Schichten Alufolie aufgeklebt.

DAMENRING

Material: Alu-, Gold- oder Silberfolie
Alter: ab 4 Jahren

Römische Frauen trugen Freundschafts- oder Eheringe, aber auch Ringe, um sich zu schmücken.

Zwei etwa 20 cm lange und 2 cm breite Streifen Folie werden zunächst jeder ein-zeln und dann miteinander zusammenge-dreht. Dann wird der Ring dem Finger an-gepasst, indem die überstehenden Enden miteinander durch Zusammendrehen ver-bunden und dann zu einer Kugel zusam-mengezwirbelt werden.
Besonders vornehm wirkt es, wenn gleich mehrere solcher Ringe an einer Hand ge-tragen werden.

SCHLANGENFINGERRING

Material: Alu-, Gold- oder Silberfolie, Kaffeelöffel
Alter: ab 4 Jahren

Sehr einfach lässt sich ein schöner, römi-scher Schlangenfingerring gestalten.
Zuerst wird ein etwa 3 cm breiter und 8 cm langer Streifen Folie zusammengedreht, von der Mitte ausgehend nach rechts und links. Mit einem Kaffeelöffel werden die Schlangenköpfe an den beiden Enden des Streifens flach gedrückt und mit den Fin-gerspitzen noch vorne spitz zugeformt.
Jetzt kann der Schlangenfingerring pas-send um den Finger gewickelt werden.

CENA AD TRICLINIUM
Die römische Küche

Die archäologischen Quellen für den Bereich der römischen Küche sind vielfältig. Es wurden unzählige Essgeschirre, Trinkgefäße, Kochtöpfe, Vorratsgefäße und sonstiges Küchengerät gefunden. Über die Zubereitung einzelner Gerichte liegen darüber hinaus schriftliche Quellen (Kochbücher) vor.

Die Informationen beziehen sich meist auf die Essgewohnheiten sehr wohlhabender Römer, weil es darüber besonders viel zu berichten gibt. Handwerkerfamilien und Familien mit geringem Einkommen verfügten meist nur über eine kleine Kochecke, in der sparsamere Speisen zubereitet wurden. Während diese Familien als Abendmahlzeit mit einem bescheidenen Vesperbrot oder einem einfachen Eintopf vorlieb nahmen, wurden in der Küche der wohlhabenden römischen Familie die fantasievollsten Speisen zubereitet.

Die Mahlzeiten spielten für die Geselligkeit eine nicht unerhebliche Rolle. Die Familien trafen sich zum gemeinsamen Abendessen, zur *cena*. Diese Hauptmahlzeit wurde gerne nach Sonnenuntergang im Anschluss an eine Entspannungsstunde in den römischen Bädern eingenommen. Während dem Frühstück und den Mittagsmahlzeiten keine besondere Bedeutung beigemessen wurde, aßen die wohlhabenden römischen Familien abends sehr gut und reichlich. Je mehr Personal an der Zubereitung der Speisen beteiligt war, desto aufwendiger konnte die Speisenfolge aussehen. Es gab zwar nicht jeden Tag Speisenfolgen mit mehreren Gängen, denn eine normale *cena* endete in der Regel bereits vor der völligen Dunkelheit, aber Festessen umfassten mindestens sieben Gänge, bestehend aus Vorspeisen, drei Vorgerichten, zwei Braten und dem Nachtisch.

Die römische Villa hatte ein besonderes Esszimmer, das *triclinium* des Hauses, in dem gespeist wurde. Dort standen Betten, auf denen sich die Römerinnen und Römer während des Mahls ausstrecken konnten. Sie lagen bequem auf der *triclinia*. Die leicht ansteigenden Liegebetten waren um einen viereckigen Tisch angeordnet. Vor dem Essen ließen sich die Gäste von einem Diener den Mantel abnehmen und die Füße waschen. Die Tischordnung sah für die Gäste besondere Plätze vor, die um das Ehrenbett des Gastgebers angeordnet waren. Auf kleine Tischchen wurden Schüsseln gestellt, die von den Dienern ins Speisezimmer getragen wurden.

Zum Essen gebrauchten die Römerinnen und Römer Messer, verschiedene Löffel und ihre Finger, denn Gabeln gab es ausschließlich in der Küche. In regelmäßigen Abständen wuschen sie sich die Hände in kleinen Wasserschalen, die ihnen von den Dienern gereicht wurden.

Die Speisen waren je nach Möglichkeiten und Wohlstand der Gastgeber sehr exquisit und fantasievoll zusammengestellt. Eine große römische Abendeinladung zog sich über den ganzen Abend bis in den frühen Morgen hinein und bot ein interessantes Unterhaltungsprogramm für die zahlreichen Gäste. Künstler und Orchester, Zauberer und Späßemacher sorgten dafür, dass bei den verwöhnten Gästen keine Langeweile aufkam.

Bei solchen Festen wurde eine Menge getrunken. Nach den Vorspeisen wurde Honigwein, *mulsum*, geschlürft, zu den Haupspeisen wurden die verschiedensten Weine ausgeschenkt. Römische Gäste durften keine Magenprobleme haben, wenn sie die Fülle der Speisen und Getränke gut vertragen wollten!

Die Geschicklichkeit der römischen Köche war berühmt und kaum zu übertreffen. Hinzu kam die Vielfalt der Nahrungsmittel, aus denen sie ihre Speisen kreieren konnten. Die nahen Landbezirke lieferten Fleisch und Wild, aber auch Käse und verschiedene Gemüse wie Kohl, Bohnen, Salate, Möhren, Linsen, Pilze, Kürbisse, Spargel und Melonen. Die Meeresbuchten brachten Fisch und Krebse sowie Muscheln. Aus allen Teilen der Welt erhielten die römischen Köche ihre Gewürze, vielfältiges Obst und erlesene Weine.

Die Küche zur Zubereitung solcher exquisiter Speisen durfte nicht zu klein sein. Küchen, die sich in einer Villa oder auf einem Gutshof befanden, waren mit einem Backofen, einem Herd, einer Getreidemühle, Vorratsgefäßen und Borden für das Küchengeschirr eingerichtet. Ein wichtiges Küchengerät war die Ölpresse. Mit ihr konnten Ölfrüchte, zum Beispiel Oliven, ausgepresst werden. In Vorratsgefäßen, den Amphoren, wurde das Öl aufbewahrt. In Körben und Säcken lagerten die römischen Köche Obst, Nüsse, Getreide und Gemüse.

Wohlhabende römische Familien hatten zahlreiche Bedienstete, die sich ab dem Morgengrauen um die Einkäufe der Esswaren und Zutaten kümmerten und die Vorarbeiten für die cena am Abend leisteten.

TERTIUS, RUFUS, URSA UND LUCINA
SPIELEN VERSTECKEN

Tertius, Rufus, Ursa und Lucina sind die vier jüngsten Kinder des Bauern Albanus. Sie leben auf einem großen Bauernhof mit vielen Bediensteten auf dem Lande in der Nähe der Stadt Rom. Ihr Vater ist ein reicher Gutsbesitzer. Während ihre großen Geschwister schon zur Schule gehen, haben Tertius, Rufus, Ursa und Lucina den ganzen Tag Zeit, auf dem Bauernhof zu spielen. Manchmal versuchen sie auf dem alten Esel zu reiten, oder sie spielen mit den kleinen frischgeschlüpften Küken.

Ihr Lieblingsspiel aber ist Verstecken. Alle wollen sofort mitmachen, als Tertius vorschlägt: „Wir können uns ja in den Vorratskammern verstecken. Dort haben wir noch nie gespielt und Regina wird es nicht merken, denn sie ist auf den Markt gefahren, um einzukaufen." - „Na, ob du dir da so sicher sein kannst", wendet Ursa ein, „Regina kennt ihre Küche und die Ordnung in ihren Vorräten genau! Aber wir können ja hinterher aufräumen!"

Rufus und Lucina drängeln schon und können kaum erwarten, dass es los geht. Schließlich sind sie die beiden Kleinsten und haben zwischen den Vorräten besonders gute Chancen, sich zu verstecken.

Rufus denkt an die großen Amphoren, in denen Regina die Vorräte aufbewahrt. Einige dieser Tonkrüge sind leer. „Ein prima Versteck, das verrate ich den anderen nicht", denkt sich Rufus.

Inzwischen hat Tertius bereits ausgezählt und Ursa ist die Erste, die die anderen suchen muss. Nachdem sie dreimal bis zehn gezählt hat, beginnt sie ihre Suche. „Au weia", denkt sie, „hier in den Vorratskammern finde ich die anderen nie."

Plötzlich raschelt es in einem großen Weidenkorb, in dem Regina die Nüsse aufbewahrt. Ursa wirft einen Blick in den Korb und entdeckt ihre kleine Schwester Lucina.

Die Suche geht weiter. Tertius findet sie im Waschzuber. In diesem riesigen Holztrog wäscht Regina einmal in der Woche mit dampfendem Wasser die Wäsche, die sie mit einer langen Holzstange hin und her wendet. Heute kauert ganz unten drin der fünfjährige Tertius. Er lacht und gluckst, als seine Schwester sagt: „Tja, jetzt habe ich dich erwischt. Nur Rufus fehlt mir noch, wo der wohl stecken mag?"

Ursa sucht und sucht. Sogar in der Küche probiert sie ihren kleinen Bruder zu finden. „Er wird doch nicht in den riesigen Kessel, der an der Kette über der Feuerstelle hängt, geklettert sein? Verflixt, wo steckt Rufus bloß?" Ursa schaut zwischen den riesigen Kochtöpfen und in den Getreidekörben nach. „Ist er vielleicht in eine der großen Amphoren gekrochen?", überlegt sie und schaut nach. Einige der fast einen Meter hohen Tongefäße sind leer, aber

auch dort steckt Rufus nicht. Zuletzt öffnet Ursa das große Olivenfass und ruft erstaunt: „Endlich habe ich dich gefunden. Aber wie siehst du denn aus?"
Rufus ist tatsächlich in das große Olivenfass gestiegen und hat sogar den Deckel wieder darübergestülpt. Als er aus dem Fass steigt, ist er allerdings ziemlich fettig, denn die Oliven schwimmen in Öl!
In diesem Augenblick kommt die Dienerin Regina mit ihren Einkäufen in die Vorratskammer. „Was ist denn hier passiert?", ruft sie erschrocken.

Überlegt selbst, wie die Geschichte zu Ende gegangen sein könnte!

41

Rezepte nach dem „Apicius-Kochbuch" aus der altrömischen Kaiserzeit

Marcus Gravius Apicius lebte in der ersten Hälfte des 1. Jahrhunderts n. Chr. Er gilt als Erfinder besonderer Gerichte und feiner Saucen. Den von Apicius häufig als Zutat verwendeten Wein haben wir durch andere für Kinder geeignet erscheinende Zutaten ersetzt.

Erbsensuppe

Koche Erbsen mit Wasser und gib Lauch, Koriander und Kümmel daran. Dann verreibe Pfeffer, Liebstöckel, Kümmel, Dill, grüne Basilikumstängel mit Wasser, gib es zu der Erbsenbrühe, rühre um und lasse die Suppe durchkochen.

Eierkuchen mit Pinienkernen und Nüssen

Röste Pinienkerne und Nüsse, vermische sie mit Honig, Pfeffer, Milch, Eiern und etwas Öl und backe den Teig in der Pfanne.

Gebratene Broccoli

Brate die Broccoli in Öl, Kümmel, Pfeffer und Lauch. Gib Wasser dazu und lasse sie durchschmoren. Streue beim Servieren Pfeffer, Kümmel, Lauch und frischen Koriander gehackt darüber.

Backhändel

Backe in reichlich heißem Öl das vorher sauber ausgenommene und zerlegte Huhn, streue Pfeffer darüber und trage es auf.

Endivien-Salat

Endivien-Salat fertige mit Salzwasser, Öl und etwas zerschnittener Zwiebel als Frühlingssalat. Im Winter gieße eine Soße aus Honig und Essig darüber.

Pilz-Kroketten

Säubere die Pilze gut, entferne ihre harten Teile, verarbeite sie mit gesiebtem Mehl und Eiern zu einem Brei, pfeffere diese und mache Würstchen daraus. Diese schmore in Fleischbrühe und serviere sie.

Arme Ritter

Reibe von Semmeln die Kruste ab, zerpflücke sie in mundgerechte Bissen, weiche sie in Milch ein, brate sie in Öl und serviere sie mit Honig übergossen.

MENÜ FÜR EINE RÖMISCHE „CENA"

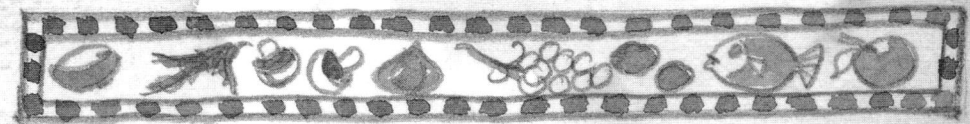

ERBSENSUPPE

◆

EIERKUCHEN MIT PINIENKERNEN UND NÜSSEN

◆

GEBRATENE BROCCOLI

◆

BACKHÄNDEL

ENDIVIEN - SALAT

PILZKROKETTEN

◆

ARME RITTER

SPEISEKARTE ZU EINER RÖMISCHEN CENA

Material: Pergamentpapier, Filzstifte oder Wasserfarben, evtl. Pinsel
Alter: ab 8 Jahren, Variante ab 4 Jahren

Die Römerinnen und Römer schrieben auf Papyrusrollen oder auf Pergamentpapier.

Pergamentähnliches Papier ist als Butterbrotpapier oder als technisches Zeichenpapier erhältlich. Auf solche „Pergamentbögen" kann die gewünschte Speisenfolge aufgemalt oder in Druckbuchstaben aufgeschrieben werden. Natürlich lässt sich der Rand der Speisekarte mit hübschen Ornamenten oder mit verschiedenen Darstellungen von Früchten gestalten. Die Speisekarte wird beim Festmahl gut sichtbar im Esszimmer - im triclinium - angebracht.

Variante für die Kleinen

Kinder, die noch nicht schreiben können, sollten besonders große Pergamentbögen erhalten und die Speisen nach ihrer Vorstellung aufmalen. Möglicherweise kann das gemalte Gemüse, Obst, Brot oder Fleisch hinterher ausgeschnitten und auf einem gemeinsamen Plakat zu einer Darstellung eines römischen Buffets oder einer Speiseplatte zusammengestellt werden.

TISCHKÄRTCHEN

Material: Modelliermasse, kleines Holzstäbchen, rotbraune Farbe, Pinsel, Mattlack oder Silberfarbe
Alter: ab 6 Jahren

Bei einem römischen Festmahl wurde jedem Gast ein Platz nach einer besonderen Sitzordnung zugewiesen. Bei größeren Gesellschaften konnte es leicht zu Verwirrungen kommen, wer die Ehrenplätze neben dem Gastgeber einnehmen durfte. Ein Tischkärtchen kann solcher Verwirrung Abhilfe schaffen.

Aus Modelliermasse wird zunächst ein ca. 10 x 5 x 0,5 cm großes Stück ausgeschnitten. Auf dieser Platte wird auf der unteren Hälfte der Name des Gastes in Großbuchstaben eingeritzt. Dann wird die Platte in der Mitte geknickt und als Tischkärtchen aufgestellt.
Nachdem das Tischkärtchen gut durchgetrocknet ist, wird es mit rotbrauner Farbe angemalt und anschließend lackiert. Für ein besonders feines Ehrenmahl lassen sich diese Tischkarten auch mit silberner oder goldener Farbe gestalten.

MODELL EINER VERZIERTEN PLATTE

Material: Fimo oder Modelliermasse
Alter: ab 6 Jahren

Die römischen Köche achteten besonders darauf, dass ihre Speisen schön garniert waren. Ein Braten kam immer reichlich verziert und mit Leckereien umlegt auf den Tisch.

Eine so geschmückte Platte lässt sich leicht aus Fimo herstellen. Der Fantasie sind dabei keine Grenzen gesetzt.

Aus verschiedenfarbigem Fimo lassen sich Oliven, Salatblätter, Eier und vieles andere mehr formen und im Backofen bei 130 Grad circa 20 bis 30 Minuten backen.

So verzierte Platten eignen sich zum Spielen aber auch besonders für die Gestaltung einer Ausstellung zu den Essgewohnheiten der Römer.

RÖMISCHE BRÖTCHEN

Material: 250 g Weizenmehl, 0,2 l Apfelsaft, 50 g Schmalz, 25 g geriebener Käse
Alter: ab 4 Jahren

Römische Brötchen wurden in Bäckereien hergestellt oder zu Hause selber gebacken.

Alle Zutaten werden miteinander zu einem Teig verknetet, der an einem warmen Ort mehrere Stunden gehen muss. Danach werden aus der Masse kleine, runde Brötchen geformt, die im Backofen bei 200 Grad eine halbe Stunde backen müssen.

TRAUBENSAFT

Material: Weintrauben, Mörser oder kleine Schale mit Kaffeelöffel, Sieb
Alter: ab 4 Jahren

Fruchtsäfte, wie sie die Römer gern tranken, lassen sich einfach selbst herstellen. Die Weintrauben werden zunächst abgeschält und dann in einem Mörser oder in einer Schale zerdrückt, bis Fruchtsaft entstanden ist. Danach wird das ganze noch einmal durch ein Sieb gegeben und dann in kleine Becher gefüllt.

RÖMISCHES FESTMAHL

Material: wird aus den vorhergehenden
Vorschlägen zusammengestellt
Alter: ab 4 Jahren

*Hatte ein Gastgeber besonders viele Gäste
eingeladen, um ein großes Fest zu feiern,
fiel die römische cena opulenter aus als
beim gewöhnlichen Abendessen. Sie bestand dann aus mehreren Vorspeisen, den
gustationes, und mehreren Hauptspeisen,
den mensae primae, auf die die mensae
secundae, die Nachspeisen, folgten.*

So ein Fest lässt sich gut nachspielen. Die
Kinder entscheiden sich, welche Rollen sie
bei diesem Festmahl übernehmen wollen,
z.B. Gast, Gastgeber oder einer der Bediensteten.
Eine besonders schöne Rolle ist der Tür-
steher, der die Gäste laut ausruft, wenn sie
den Speiseraum betreten. Die Bediensteten servieren das Essen und sorgen zwischen den Mahlzeiten für Unterhaltung.
Da sind den Ideen keine Grenzen gesetzt:
Zaubereien, Gaukeleien, Musikvorführun-
gen oder Spiele, um nur einige Möglichkeiten zu nennen.
Und weil so ein Festmahl sehr lange dauert, ist es auch möglich, dass Gäste zwi-
schendurch etwas zur Unterhaltung beitra-
gen. - Sicherlich lässt sich auch verabre-
den, dass während des Festmahls die Rollen untereinander getauscht werden!

DE OPIFICIBUS
Handwerk und Berufe

Neben den zahlreichen „Rentiers", den reichen Großgrundbesitzern, die große Güter in der Provinz besaßen und in Rom von den Gewinnen, die sie in der Ferne erwirtschaften ließen, lebten und den etwa 150.000 Proletariern, die als Arbeitslose vom Staat lebten, gab es eine Vielzahl an Erwerbstätigen in Rom.

Eine große Zahl von Beamten erhielt pünktlich vom Staat ihre Gehälter. Daneben aber wurde in der Stadt eine Menge produktiver Arbeit geleistet. Die Straßen Italiens, die Schiffsrouten des Mittelmeers liefen in Rom zusammen. Rom bestimmte das Finanzwesen und die Wirtschaft. Es nutzte die Reichtümer der Welt zunächst einmal für sich.

In den drei Häfen Roms kamen die Güter dieser Welt zusammen, wurden gelagert, zum Teil weiterverladen und umgeschlagen, aber zum Teil eben auch in Rom weiterverarbeitet. Die Bedeutung einer Stadt - und das sehen wir gerade heute in unserer eigenen Gesellschaft oft genug - hängt in entscheidendem Ausmaß davon ab, dass sie für ihre Bewohner ausreichende Arbeitsmöglichkeiten bietet.

Mehr als 150 Zünfte sind wissenschaftlich einwandfrei belegt. Das beweist uns, dass es in Rom ein recht lebendiges Geschäftswesen gegeben haben muss. Allein in der Lebensmittelversorgung gab es viele verschiedene Berufszweige: Kleinverkäufer verkauften Hülsenfrüchte, Obst oder Melonen; Gärtner verkauften selbst erzeugtes Gemüse, Fischer ihren Fang; Weinhändler hatten zum Ausschank ihrer Getränke auf ihren Wagen eine ganze Ausrüstung an Fässern und Amphoren dabei; Bäcker, die gleichzeitig auch Müller waren, verkauften ihr Brot; Pastetenbäcker, Konditoren und Gastwirte versorgten ihre Kundschaft.

Interessante Einblicke in das römische Alltagsleben bieten die Betrachtungen verschiedener Handwerke, von denen hier einige wenige beispielhaft vorgestellt werden sollen:

Eiserne Gegenstände und Geräte aus Metall sind in zahlreichen Funden belegt. Fast alle Werkzeuge der Handwerker waren aus Eisen gefertigt, dazu kamen Nägel, Haken, Ketten, Scharniere, Schlösser und vieles mehr.

Der Schmied, der das Eisen verarbeitete, benötigte ein Feuer, das von einem Blasebalg angefacht wurde, um das Ausgangsmaterial zu erhitzen. Er bearbeitete das Eisen dann mit Zange, Hammer und Amboss weiter.

Neben Waffen wurden z.B. Schlösser, Baubeschläge, Ketten oder Wagenteile geschmiedet.

Ein großer Bedarf bestand an Schlössern, so dass der Schlosser ein spezieller Berufsstand gewesen sein dürfte. Türen wurden meist mit stabilen Riegeln und Bolzenschlössern gesichert. Schlösser mit Drehvorrichtung, die im Wesentlichen den heute benutzten einfachen Schlössern entsprechen, waren verhältnismäßig selten. Die gefundenen Schlüssel dieses Typs sind häufig so klein, dass sie als Fingerring getragen werden konnten. So lässt sich vermuten, dass mit diesen Schlüsseln wahrscheinlich Schatullen und Kästchen verschlossen wurden.

Zimmerleute führten im Wesentlichen beim Hausbau erforderliche Holzarbeiten aus. Mit Äxten, Hämmern, Stemmeisen und Sägen zimmerten sie Fachwerk, Decken und Fußböden. Auch hölzerne Einschalungen der Brunnen gehörten zum Zimmermannshandwerk.

Um die gigantischen Projekte der römischen Baukunst, den Bau der vielen großen öffentlichen Gebäude, zu bewältigen, wurden sehr viele Handwerker benötigt.

Neben den Zimmerleuten waren Maurer erforderlich. Möbelschreiner stellten Tische, Truhen oder Regale her.

Die vielen Glasfunde wie Parfümfläschchen, Becher, Kannen oder Spielsteine zeigen, dass auch das Handwerk des Glasbläsers einen bedeutenden Stellenwert besaß. Gerber gerbten das Leder, das von Sattler und Schuster weiterverarbeitet wurde.

Ein wichtiges Handwerk war das des Töpfers. Ton ist ein Werkstoff, der sehr vielseitig verwendbar ist. Keramik- und Ziegeleiprodukte wurden in der Antike in großen Mengen benötigt - nicht nur Küchen- und Tafelgeschirr, auch Vorrats- und Transportbehälter wie z.B. die Amphoren oder auch Öllampen. Die Produkte des Töpfers waren häufig nicht nur zweckmäßig sondern auch mit vielfältigen Verzierungen versehen.

Friseure sorgten für Frisur und Barttracht, die auch in römischer Zeit der Mode unterlagen. Den Modetrend bestimmten der Kaiser und seine Familie. Wer diesen Vorbildern folgte, demonstrierte neben modischem Chic auch seine Loyalität zum Kaiserhaus. Durch die offiziellen, in jeder Stadt stehenden Kaiserstatuen und durch die Münzen, auf deren Vorderseite immer der Kopf des Kaisers, seiner Gemahlin und deren Angehörigen zu sehen war, wurde die aktuelle Frisurenmode auch in den römischen Provinzen bekannt. Die Römerinnen und Römer passten sich der jeweiligen Mode schnell an. Das Kopfhaar der Männer und der kurze Bart wurden mit der Schere geschnitten. Frauen trugen das Haar lang und steckten es mit Haarnadeln aus Knochen oder Bronze zu Hochfrisuren.

Ein wichtiger Beruf war schließlich auch der des Arztes. Wie heute waren auch die römischen Ärzte zum Teil bereits spezialisiert; es gab u.a. Augenärzte, Chirurgen oder Gynäkologen. In der Heilkunde spielten die Heilpflanzen eine bedeutende Rolle, die teils wild wuchsen und gesammelt, teils in speziellen Gärten gezogen wurden. Sie dienten entweder direkt der Wundbehandlung oder ihr Saft wurde ausgepresst. Häufig praktizierten die Ärzte in den Thermen – Sauberkeit und ständig fließendes Wasser schufen sicherlich Behandlungsmöglichkeiten, die denen in den meisten Privathäusern hygienisch überlegen waren. Es gab allerdings auch private Arztpraxen.

Alle Berufe, die in der Stadt Rom ausgeübt wurden, aufzuzählen ist hier leider nicht möglich. Die aufgeführten Beispiele zeigen jedoch, dass das Arbeits- und Berufsspektrum in Rom bereits vielfältig war.

Secundus und Marolina lauschen den Geschichten des Töpfers Satto

Secundus und Marolina leben in Colonia Ulpia Trajana in der römischen Provinz Germanien. Ihre Väter sind römische Verwaltungsbeamte, die sich mit ihren Familien in Germanien angesiedelt haben. Auch römische Händler und Handwerker haben sich in Colonia Ulpia Trajana niedergelassen.

Wenn Secundus und Marolina Langeweile haben, besuchen sie gerne den Töpfer Satto in seiner Töpferwerkstatt. Bei ihm ist es fast ein bisschen gruselig, findet Secundus. Der Töpfer arbeitet im Halbdunkel, nur seine Töpferscheibe und sein Arbeitstisch werden mit kleinen Öllampen spärlich erleuchtet.

Satto ist ziemlich alt, was schon an seinen weißen Haaren zu sehen ist, die einen dichten Kranz um seinen Kopf bilden. Marolina findet, dass Satto sehr klug aussieht und ganz liebe Augen hat, die zwischen den vielen, vielen Falten aus seinem Gesicht wach herausschauen. Secundus liebt besonders Sattos raue, tiefe Stimme, die sehr laut aber auch ganz leise werden kann, wenn er seine spannenden Geschichten erzählt. Oft handeln sie von der Zeit, als Satto noch ein Kind war.

Eine Geschichte lassen sich Secundus und Marolina immer wieder erzählen: Als zehnjähriger Junge unternahm Satto mit seinem Vater eine weite Reise in einer Pferdekutsche. Mehrere Tage waren er und sein Vater bereits aus der Stadt Rom aufs Land gefahren, denn der Vater war Olivenölhändler und verkaufte sein Olivenöl an die römischen Landbewohner.

Die Kutsche war ganz aus Holz und sah einem Planwagen ähnlich. Gezogen wurde sie von zwei großen, braunen Pferden. Damit ihm nicht langweilig wurde, setzte sich Satto direkt an die Tür und beobachtete das Treiben draußen während der holprigen Fahrt, denn Fenster hatte die Kutsche keine.

Die vier großen Holzräder mit ihren dicken Holzspeichen quietschten während der Fahrt. Doch Satto störte das Klappern der Hufe, das Holpern und Knarzen der Kutsche und das Quietschen der Räder bald nicht mehr, ja er schlief sogar tief und fest zwischen den Ölfässern.

Plötzlich riss ein lauter Knall Satto unsanft aus dem Schlaf. Die Holzkutsche wankte und kippte auf die Seite. „Vater, Vater! Was ist passiert?", rief Satto laut. Erst jetzt fiel ihm auf, dass es schon dunkelste Nacht war. Aus der Ferne hörte er die Schreie eines Uhus.

Er spürte die Kälte und einen stechenden Schmerz in der Schulter. Sein rechter Arm ließ sich nicht richtig bewegen. Sattos Herz schlug bis zum Hals, denn er konnte in der Dunkelheit nur schwach den Schatten seines Vaters erkennen.

Vorsichtig kletterte er über die zerborstenen Kutschenteile nach vorne. Das war gar nicht so einfach! Dauernd trat er zwischen Speichen und klemmte einen Fuß ein. Das Holz brach laut knackend unter seinen Füßen. Schrauben bohrten sich in seine Schuhe. Alles tat weh und Satto hatte fürchterliche Angst.

„Papa, hilf mir," dachte er die ganze Zeit, während er sich an Kutschenteilen festklammerte und weiterkletterte.

Ihm fielen die vielen Geschichten seines Vaters ein, die von Räubern und Überfällen in den Wäldern erzählten. Schon glaubte er hinter dem Baum einen Räuber zu sehen! Er hörte ein tiefes Räuspern und sah, wie ein Schatten immer näher kam. Satto zitterte am ganzen Leib und blieb wie erstarrt auf der Stelle stehen.

Jemand packte seinen Arm. Aber glücklicherweise war es kein Räuber sondern sein Vater, der ihm helfen wollte.

Satto lachte laut, wenn er den Kindern das Ende der Geschichte erzählte. „Seit dieser Nacht in den einsamen Wäldern wusste ich, dass ich einmal den Beruf des Töpfers erlernen wollte. Ein Töpfer stellt nämlich Öllampen her - und eine Öllampe hätte ich damals gut gebrauchen können!"

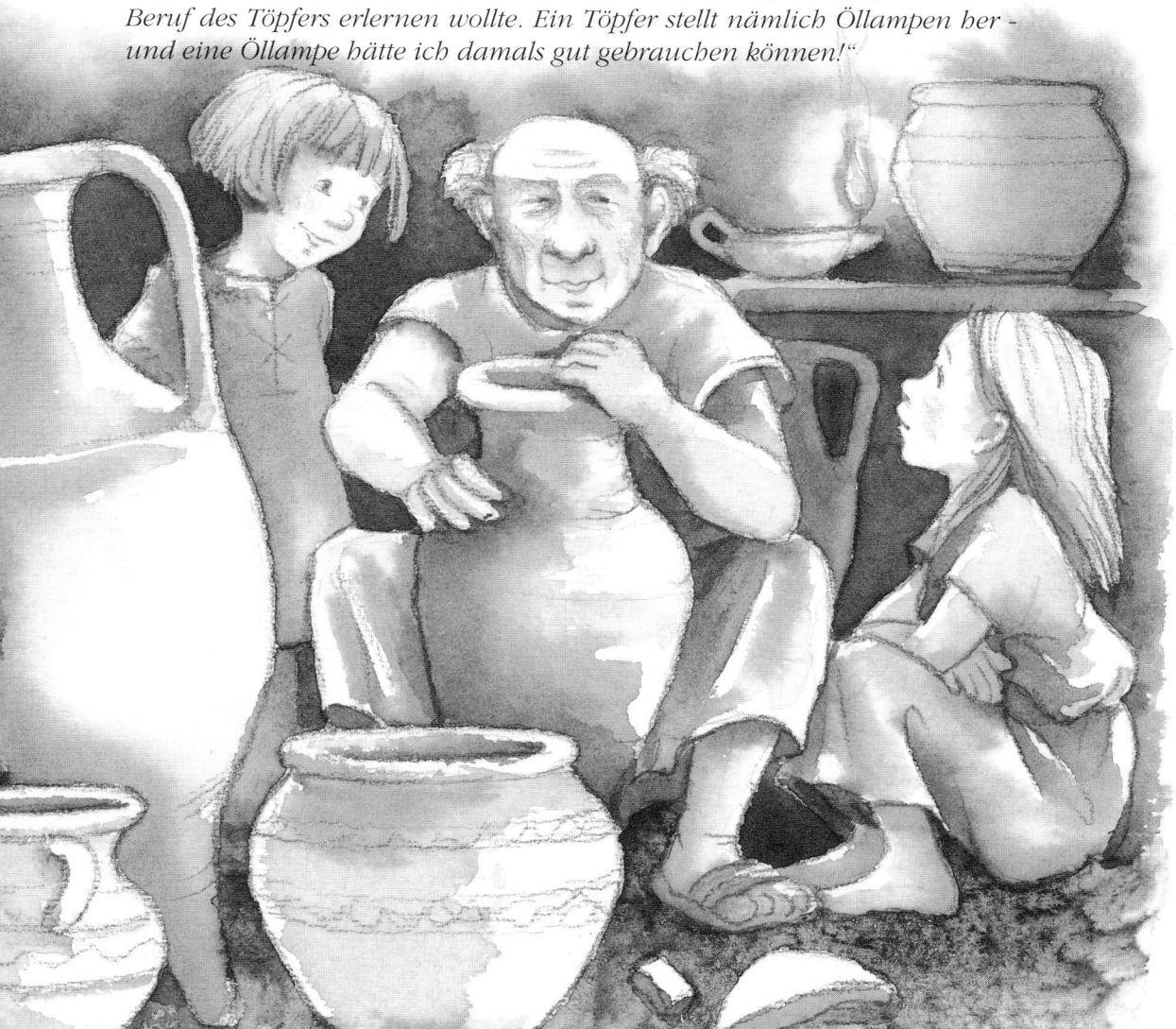

Secundus und Marolina beobachten Sattos alte, schon etwas steif geworde-
nen Finger, die während der Erzählung den Körper eines Öllämpchens ge-
knetet und aufgebaut hatten. Der Ton riecht kalt und feucht.
Marolinas Magen knurrt und sie verabschiedet sich von Satto: „Wiedersehen,
Satto, wir müssen jetzt zum Essen. Bald kommen wir dich wieder besuchen.
Erzählst du uns dann wieder so eine schöne Geschichte?" - „Natürlich, Kin-
der!", ruft der alte Töpfer seinen beiden kleinen Freunden hinterher.

EINFACHE ANTIKE GEFÄSSE

Material: rotbraune Knete
Alter: ab 4 Jahren

Einfache Gefäße lassen sich auch schon
von jüngeren Kindern aus rotbrauner Knete gestalten.
Anregungen für die Gegenstände können
den folgenden Anleitungen, zum Arbeiten
mit Ton, entnommen werden.

GETÖPFERTE AMPHORE

Material: roter Ton, Löffel, kleines Messer,
etwas Wasser
Alter: ab 8 Jahren

Amphoren waren in erster Linie Trans-
portbehälter, mit denen z.B. Wein, Öl oder
Saucen aus den Provinzen nach Rom ge-
bracht wurden. Nach Verbrauch ihres In-
halts wurden die Amphoren nicht wieder
ins Ursprungsland zurücktransportiert,
sondern sie verblieben in der Küche der
Römer, wenn sie nicht als typische Ein-
wegartikel weggeworfen wurden.

Für den Bau einer Amphore wird eine
größere Menge Ton benötigt, die sehr gut
durchgeknetet werden muss. Die untere
Spitze der Amphore wird zunächst aus einer massiven Tonkugel geformt, die nach
unten leicht spitz zuläuft. Mit gleichmäßig

geformten Tonrollen, die von innen und
außen gut miteinander verknetet werden,
wird der gewölbte Bauch der Amphore
nach oben hin aufgebaut. Nach ungefähr
20 cm muss sich die Wölbung wieder verengen, bis ein schmaler Hals von etwa 5
cm Durchmesser entsteht. Dieser Hals
wird mit Tonrollen ca. 4 cm aufgebaut. Die
Öffnung wird mit einer zusätzlichen Tonwulst umrandet. Die Oberfläche der Amphore muss sehr gründlich überarbeitet
werden, um Unebenheiten und Risse zu
vermeiden. Zum Schluss werden zwei gut
durchgeknetete Henkel am oberen Teil
der Amphore rechts und links vom Hals
angebracht. Die Befestigung muss durch
Verkneten der Tonschichten besonders
gründlich vorgenommen werden, damit
die Henkel beim Brennen nicht abbrechen.

Die Amphore sollte in einem kühlen Raum
mindestens eine, besser zwei Wochen lang
trocknen. Dann kann sie bei etwa 900
Grad im Brennofen gebrannt werden.

TONSERVICE

Material: roter Ton, Brennofen (oder Brenngelegenheit), Röhren von etwa 10 und 3 cm Durchmesser zum Ausstanzen, etwas Wasser, Nudelholz oder ersatzweise Flasche zum Auswalzen des Tons, Messer, Frühstücksteller

Hinweis: Nach Fertigstellung der einzelnen Serviceteile müssen die Tonarbeiten in einem kühlen Raum mindestens eine Woche gut durchtrocknen. Dann können sie im Brennofen bei 900 Grad gebrannt werden.

Alter: ab 8 Jahren

Zum römischen Trinkgeschirr gehörte der Henkelkrug für Wein oder Wasser. Als Trinkbecher wurden hölzerne Trinkbecher, die nicht mehr erhalten sind oder Becher aus feinem Ton bevorzugt. Diese Trinkbecher waren manchmal mit Trinksprüchen oder Blumenmotiven verziert und hatten unterschiedliche Formen. Im zweiten und dritten Jahrhundert n. Chr. waren Faltenbecher besonders beliebt. Tonservice und Trinkgeschirre stellten die Römer auf einer Töpferdrehscheibe her. Besonders haltbares Essgeschirr ist die bekannte Geschirrsorte, die erst seit hundert Jahren „terra sigillata" genannt wird, die aber die Römer „vasa samia" (samisches Geschirr) nannten.

Henkelkrug

Nachdem der Ton mindestens fünf Minuten gut durchgeknetet worden ist, wird zunächst eine 1 cm dicke Tonplatte ausgewalzt. Mit einer im Durchmesser etwa 10 cm dicken Röhre wird der Fuß für den Hen-

kelkrug ausgestanzt. Mit gleichmäßigen Tonrollen wird der Bauch des Henkelkrugs auf den Fuß aufgearbeitet, wobei die Tonrollen von innen und außen gut miteinander verbunden werden müssen, damit keine Risse entstehen.

Um die bauchige Wölbung des Henkelkrugs zu erreichen, müssen die Tonrollen ungefähr bis zur Hälfte des Henkelkrugs langsam länger geformt werden. Nach ungefähr 15 cm Höhe müssen die Tonrollen wieder kürzer werden. Die Wölbung muss sich wieder nach oben verengen, bis ein schmaler Hals von etwa 5 cm Durchmesser entsteht. Dieser Hals wird mit gleich langen Tonrollen ca. 4 cm aufgebaut und an der Öffnung mit einer zusätzlichen Tonwulst umrandet.

Der Henkel muss aus einer sehr gut durchgekneteten Tonrolle geformt und am Henkelkrug gründlich befestigt werden. Dabei ist sehr wichtig, dass keine Risse entstehen und die Tonschichten des Henkels und des Krugs fest miteinander verbunden werden.

Ist die Rohform des Henkelkrugs fertig gestellt, muss der Krug noch einmal durch Verreiben der unebenen, rissigen Stellen überarbeitet werden. Nur ganz zum Schluss darf die Gefäßoberfläche mit wenig Wasser noch etwas geglättet werden.

Trinkbecher (Faltenbecher)

Zuerst muss der Ton mindestens 5 Minuten durchgeknetet werden. Danach wird eine etwa 1 cm dicke Tonplatte ausgewalzt und mit einer Röhre von etwa 3 cm Durchmesser ein Fuß für den Trinkbecher ausgestanzt. Mit gleichmäßigen Tonrollen, die sich zur Mitte des Bechers erweitern, wird der gewölbte Trinkbecher aufgebaut. Die Tonrollen müssen von innen und außen gut miteinander verknetet werden und nach oben sich wieder verkürzen, damit die bauchige Form des Trinkbechers entsteht.

Die Rohform des Trinkbechers wird abschließend noch einmal überarbeitet, damit Unebenheiten und Risse vermieden werden. Die Oberfläche kann zum Schluss mit etwas Wasser noch glattgerieben werden.

Einfacher Trinkbecher

Eine einfachere Variante für die Gestaltung eines römischen Tonbechers ist besonders für kleinere Kinder geeignet.
Der rote Ton muss zuerst mindestens fünf Minuten gut durchgeknetet werden. Mit einem Nudelholz wird eine etwa 1 cm dicke Tonplatte ausgewalzt. Mit einer Röhre von etwa 3 cm Durchmesser wird zunächst der Fuß des Bechers ausgestanzt. Mit einem Messer wird danach eine rechteckige Platte von etwa 16 x 5 cm aus dem Ton ausgeschnitten. Diese Platte wird um den Fuß gelegt und von innen und außen durch Verkneten mit dem Fuß verbunden. Auch die Naht des Bechers wird gut verknetet. Die Rohform des Bechers wird durch sanftes Reiben noch einmal überarbeitet.

Teller

Mindestens fünf Minuten muss der Ton gut durchgeknetet werden, bevor er mit einem Nudelholz oder einer Flasche zu einer etwa 1 cm dicken Platte ausgewalzt wird. Mit einer Röhre von etwa 10 cm Durchmesser wird zunächst ein Fuß für den Teller ausgestanzt. Danach wird der Frühstücksteller eines heutigen Geschirrs auf die Tonplatte gelegt und mit einem Messer wird die Tellerform ausgeschnitten. Der Teller wird dann auf den Fuß gesetzt. Die beiden Teile werden durch verkneten gut

miteinander verbunden und die Oberfläche des Tellers glatt gerieben. Wichtig ist, dass keine Risse entstehen. Der Tellerrand wird zum Schluss leicht nach oben gebogen. Abschließend wird der gesamte Teller noch einmal überarbeitet, beim letzten Überarbeiten mit etwas Wasser.

ÖLLAMPE AUS TON

Material: Ton, Eierlöffel, Brett, Duftöl, Docht
Alter: ab 8 Jahren

Bis zum 7. Jahrhundert v. Chr. wurden Öllampen aus Ton einzeln modelliert. Serienproduktionen waren erst später möglich, als die Lampen auf der Töpferscheibe hergestellt wurden. Die ältesten Lampen waren Schalenlampen, die einen offenen Körper für den Brennstoff hatten und eine Schnauze, die den Docht hielt. Eine solche Schalenlampe nach griechischem Vorbild lässt sich aus Ton gut selbst herstellen.

Zuerst muss das Stück Ton für die Schalenlampe mindestens fünf Minuten gut durchgeknetet werden. Dann wird ein fünfmarkstückgroßer und ca 0,5 cm hoher Fuß geformt und auf ein Brett gestellt. Mit

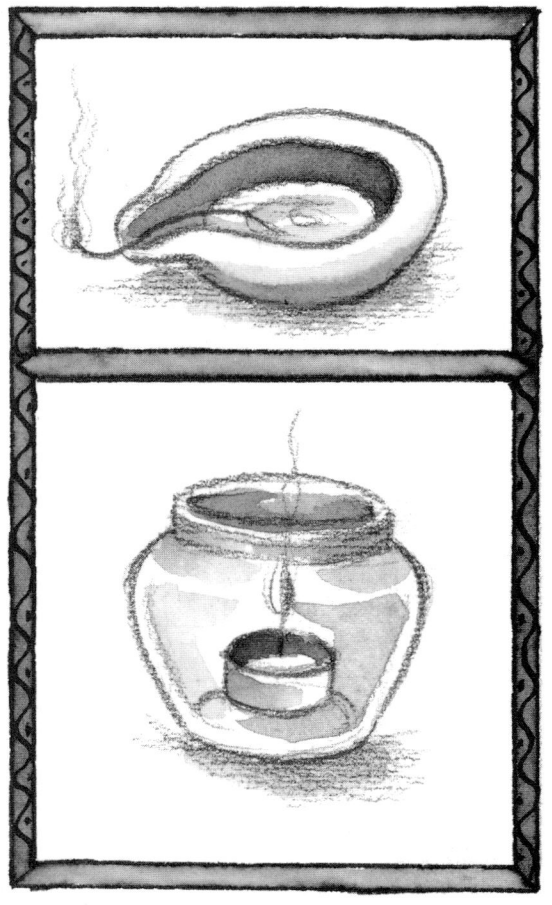

gleichmäßig gerollten Tonwülsten wird dann langsam die gewölbte Schale aufgebaut. Sitzen zwei Tonwülste aufeinander, werden sie von innen und außen miteinander zu einer glatten Wand verbunden, indem der Ton vorsichtig verschmiert wird. Ungefähr 3 cm hoch werden die Tonwülste aufeinandergeschichtet und miteinander verbunden, bevor der schwierigste Teil der Schalenlampe folgt. Jetzt wird vorne eine Schnauze ausgeformt, die in ihrer einfachsten Form an den Ausguss eines Milchkännchens erinnern sollte. Der obere Rand der Schale wird leicht nach innen gewölbt. Zum Schluss sollte mit Hilfe eines Eierlöffels die Töpferarbeit noch geglättet und auf ihre Stabilität überprüft werden - notfalls muss an manchen Stellen noch etwas Ton eingearbeitet werden. Dabei sollten Unebenheiten und Risse vermieden und mit Hilfe des Eierlöffels geglättet werden, indem mit sanften Schlägen die Tonwand mit dem Eierlöffel bearbeitet wird.
In einem kühlen Raum sollte die Töpferarbeit gut durchtrocknen, bevor sie bei 900 Grad im Brennofen gebrannt wird. Wenn die Lampe fertig ist, kann etwas Duftöl eingefüllt werden, das den Docht tränkt, der dann entzündet wird.

EINFACHE ÖLLAMPE

Material: Glasgefäß, z.B. Marmeladenglas, Teelicht
Alter: ab 4 Jahren

Eine einfache Variante für den Gebrauch von Öllampen ist aus einem Marmeladenglas und einem Teelicht schnell und einfach herzustellen. Für kleinere Kinder, für die das Arbeiten mit Ton noch zu kompliziert ist, kann der Gebrauch einer Öllampe im Alltagsleben der Römer auf diese Weise spielerisch nachempfunden werden.

Nähnadel aus Knochen

Material: nadelgroße Knochensplitter, Schmirgelpapier, Waschmittellauge, Benzin, dünner Bohrer
Alter: ab 6 Jahren

Zur Herstellung der Kleidung wurden Nähnadeln aus Knochen oder Bronze benötigt, die die römischen Handwerker anfertigten. Die Herstellung einer Nähnadel aus Knochen ist ganz einfach.

Ein etwa stopfnadelgroßer Knochensplitter wird in Waschmittellauge gekocht, etwaige Fleischreste werden entfernt und der Knochen durch Einlegen in Benzin entfettet. Mit Schmirgelpapier wird der Knochensplitter so lange bearbeitet, bis er etwa die Form einer heutigen Stopfnadel erhält. Anschließend wird mit dem Bohrer ein dünnes Nadelöhr angebracht. Ihre endgültige, glatte Form erhält die Nadel durch abschließendes Polieren mit feinem und schließlich allerfeinstem Schmirgelpapier.

Gewandspangen

Material: Alu-, Silber- oder Goldfolie, Schere, Klebstoff, große silberfarbene Sicherheitsnadel
Alter: ab 6 Jahren

Zahlreiche Funde belegen, dass vor allem die in den Provinzen lebenden Römerinnen und Römer ihre Gewänder mit Gewandspangen, so genannten Fibeln, geschlossen haben. Diese Fibeln gab es in zahlreichen Formen und waren aus unterschiedlichen Materialien gefertigt. Sie waren nicht nur zweckmäßig, sondern wurden auch als Schmuck angesehen und daher reichlich verziert.

Zunächst wird die silberfarbene Sicherheitsnadel mit feinen, dünnen Streifen Folie umwickelt. Dabei ist zu beachten, dass die Folie gut angedrückt und eventuell festgeklebt wird. An der Ober- und Unterseite können mit Folie kleine Streifen angebracht werden, die wie Zacken wirken. Zusätzlich können kleine Kügelchen aus Folie aufgeklebt werden, um die vielfältige Verzierung solcher römischer Fibeln zu imitieren.

Pantomimenspiel: Beruferaten

Material: -
Alter: ab 6 Jahren

Ein unterhaltsames Ratespiel war bei den Römern (und ist bis heute) das Beruferaten.

Bei diesem Spiel darf der Pantomime nicht sprechen. Er denkt sich einen Beruf aus und stellt diesen mit typischen Bewegungen dar.

Die anderen Spieler sollen den Beruf aus den dargestellten Bewegungen und dem Gesichtsausdruck des Darstellers erkennen. Wer zuerst den richtigen Beruf erraten hat, darf der nächste Pantomime sein.

Mercator Handelsspiel

Material: Spielplan (vergrößerte Fotokopie); verschiedenfarbige Spielfiguren (evtl. aus Fimo selbst hergestellt); Würfel; gelbes, blaues, grünes und braunes und weißes Tonpapier.
Alter: ab 8 Jahren

Die römischen Kaufleute (mercator = Kaufmann) betrieben einen schwunghaften Handel rund ums Mittelmeer. Dieser Handel wird in diesem Spiel nachgespielt.

Vorbereitungen:

Die SpielerInnen erhalten als Handelsschiffe jeweils eine andersfarbige Spielfigur, die leicht aus verschiedenfarbigem Fimo selbst modelliert und dann im Backofen bei 130 Grad circa 20 bis 30 Minuten lang gebrannt werden. Diese selbst gemachten Spielfiguren sollten die Form eines Schiffes haben.

Aus farbigem Tonpapier werden Symbole für verschiedene Handelsgüter gebastelt: ein gelbes Kärtchen symbolisiert einen Beutel Gold, ein blaues Kärtchen 3 Schläuche Wein, ein grünes Kärtchen eine Amphore Öl und ein braunes Kärtchen drei Säcke Getreide.

Von diesen Symbolkärtchen sollten genügend vorhanden sein. Die Kärtchen können mehr oder weniger aufwendig gestaltet werden.

Aus weißem Tonpapier werden die Ereigniskarten geschnitten. (Vorgabe kopieren oder selbst Ereignisse ausdenken und Karten beschriften.)

Spielregel:

Startpunkt des Spieles ist natürlich Rom. Es wird reihum gewürfelt und die Spielfiguren werden gemäß der gewürfelten Augenzahl entsprechend viele Felder weitergesetzt.

Wer mit seiner gewürfelten Augenzahl einen Hafen erreicht, kann dort das entsprechende Gut (Gold = ①, Wein = ②, Öl = ③ oder Getreide = ④) aufnehmen und erhält ein entsprechendes Symbolkärtchen. Landet ein Spieler auf einem schwarzen Ereignisfeld, so muss er eine der Ereigniskarten ziehen und die Anweisung darauf befolgen.

Gewonnen hat nicht, wer seine Handelstour am schnellsten bewältigt und zuerst wieder in Rom ist, sondern wer bei seiner Ankunft in Rom die meisten Symbolkärtchen besitzt.

Als „Ereignisse", die während der Fahrt auftreten, kommen zum Beispiel in Betracht:

Seeräuber entern dein Schiff.
Sie nehmen dir deine ganze Ladung ab.

Dein Schiff gerät in einen so starken Sturm, dass es untergeht. – Du musst mit einem neuen Schiff von Rom aus starten.

Du kannst ein gutes Geschäft machen. Tausche (wenn du hast) 1 Beutel Gold gegen 6 Schläuche Wein!

Du hast beim Würfelspiel verloren. Zur Bezahlung deiner Spielschulden musst du entweder 1 Beutel Gold, 3 Schläuche Wein, drei Säcke Getreide oder eine Amphore Öl abgeben.

Es herrscht Flaute.
Ohne Wind kommst du nicht weiter.
Setze dreimal mit Würfeln aus!

Du kannst ein gutes Geschäft machen. Tausche (wenn du hast) 1 Amphore Öl gegen 6 Säcke Getreide!

Du rettest einen Schiffbrüchigen.
Er schenkt dir aus Dankbarkeit alles, was er besitzt: 3 Beutel Gold.

Der Wind ist günstig, so dass du schneller vorankommst. Würfel noch einmal!

Du kannst ein gutes Geschäft machen. Tausche (wenn du hast) 3 Schläuche Wein gegen 3 Beutel Gold!

Seeräuber versuchen, an Bord deines Schiffes zu kommen, aber die Mannschaft deines Schiffes kann sie vertreiben. Das dauert jedoch eine Weile.
Setze einmal mit Würfeln aus!

Dein Schiff kommt in einen Sturm.
Die Hälfte deiner Ladung fällt beim Sturm ins Wasser.

Du hast einen falschen Kurs gesegelt.
Gehe 5 Felder zurück.

Du kannst ein gutes Geschäft machen. Tausche (wenn du hast) 3 Säcke Getreide gegen 3 Beutel Gold!

Deine Segel sind beim Sturm beschädigt worden und müssen repariert werden.
Setze dreimal aus!

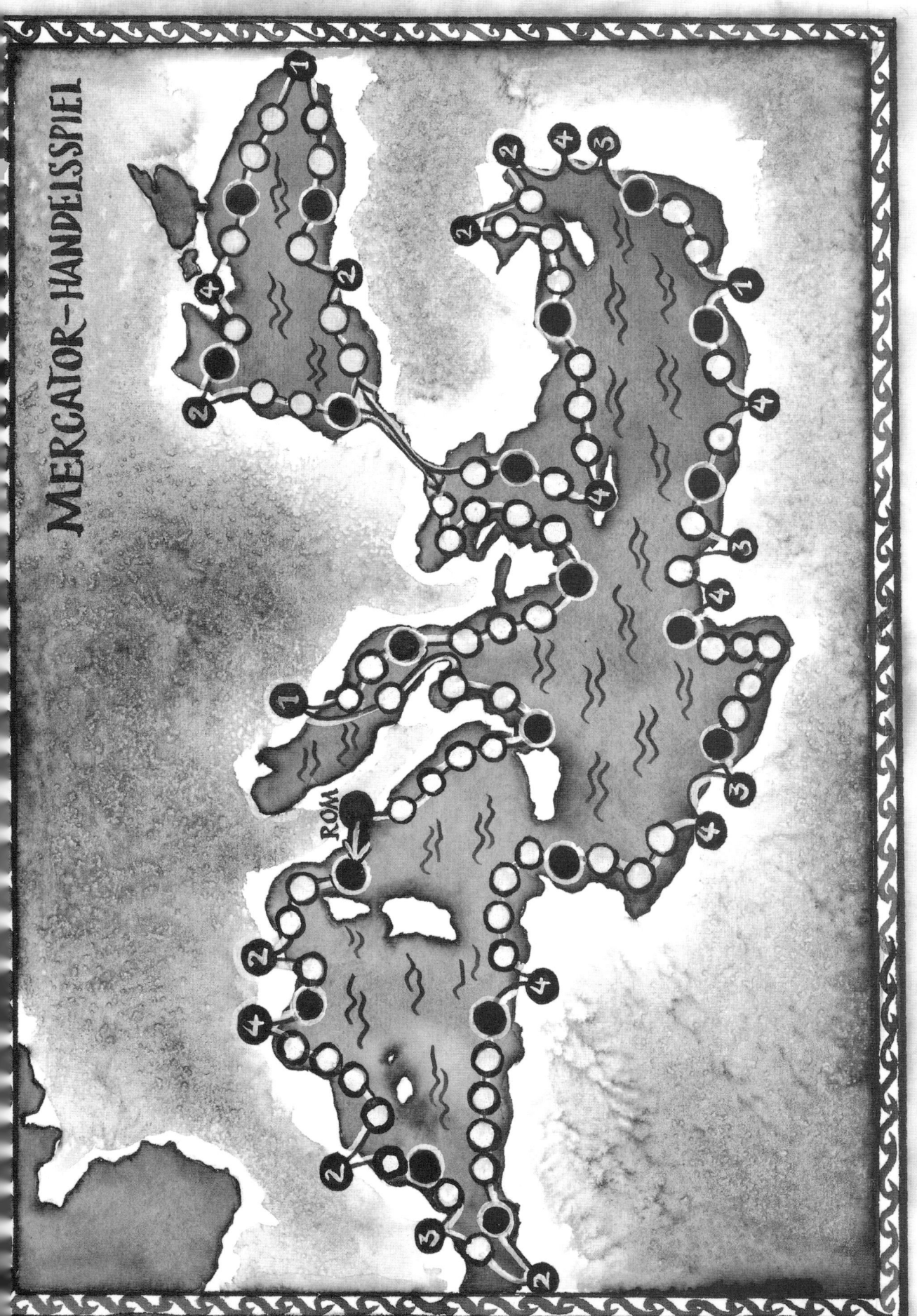

RÖMISCHES GELD

Material: Alu- Silber- oder Goldfolie, spitzer Bleistift
Alter: ab 6 Jahren

Die römische Geldwirtschaft war nahezu so weit entwickelt wie heute. Auch kleine Beträge konnten mit Münzen bezahlt werden. Diese ausgeprägte Geldwirtschaft (im Gegensatz zur Natural- oder Tauschwirtschaft) schrumpfte mit dem Niedergang Roms für einige Jahrhunderte immer mehr zusammen, um erst in der Neuzeit wieder zur Blüte zu kommen. Die römischen Münzen bestanden je nach ihrem Wert aus Gold, Silber oder verschiedenen Buntmetallen (Kupfer, Bronze, Messing) und zeigten das Bild des Kaisers oder seiner Angehörigen.

Römisches Spielgeld lässt sich einfach aus verschiedenen Folien herstellen.
Ein etwa 20 cm langer und 10 cm breiter Streifen Folie wird erst dreimal der Länge nach gefaltet und dann so oft weiter zusammengefaltet, bis ein Quadrat von etwa 3 cm Kantenlänge entsteht. Die Ecken des Quadrats werden umgeknickt, bis eine nahezu runde Form erreicht ist. Auf diesen „Münzrohling" kann nun mit einem spitzen Bleistift ein Gesicht eingraviert werden.
Werden verschiedene Folien verwendet, lassen sich Geldstücke von unterschiedlichem „Wert" herstellen.

HALTET DEN DIEB!

Material: -
Alter: ab 4 Jahren

Sicherlich kam es auf dem römischen Markt auch vor, dass ein Dieb die Marktstände heimsuchte und einige Waren ohne Bezahlung mitnahm. So ein Dieb musste natürlich vom Markthändler verfolgt werden. Um die Verfolgung des Diebes geht es in diesem Spiel.

Die SpielerInnen setzen sich in vier Gruppen so hintereinander, dass zwei Gruppen sich jeweils gegenüber sitzen und die vier Spielgruppen die Figur eines Kreuzes ergeben.
Ein Spieler läuft im Kreis um die Gruppen herum. Bei einer Gruppe seiner Wahl tippt er dem letzten Spieler auf die Schulter und ruft: „Haltet den Dieb!", worauf die betreffende Gruppe aufspringt und den Dieb verfolgt.
Nach einer Runde setzen sich alle - auch der „Dieb" wieder in die Reihe. Wer zuletzt bei der Reihe ankommt wird zum neuen „Dieb".

AMPHITHEATER

Material: Bauklötze
Alter: ab 4 Jahren

Viele Handwerker waren zur römischen Zeit mit dem Aufbau monumentaler Gebäude beschäftigt. Eine solche Arbeit war nur mit sehr vielen Menschen und in langer Zeit zu bewältigen. Stein um Stein musste damals ein großes Amphitheater aufgeschichtet werden.

Mit Bauklötzen lässt sich ein Amphitheater in beliebiger Größe von Kindern aufbauen. Zuerst muss ein Kreis aus Bauklötzen gelegt werden, der die Arena bildet. Um die Arena herum müssen die Stufen für die Zuschauerränge langsam ansteigen, indem die Bauklötze Reihe für Reihe stufenartig aufeinander geschichtet werden. Die Mauer muss gegebenenfalls von hinten mit weiteren Bauklötzen gestützt werden
Ist das Amphitheater groß genug, kann ein „römischer Sänger" vorsichtig hineinsteigen und eine kleine Vorführung veranstalten.

DE SCHOLIS
Auch römische Kinder mussten zur Schule gehen!

Eine Schulpflicht gab es bei den Römern nicht. Allerdings legten die meisten Eltern Wert darauf, dass ihre Kinder etwas lernten, denn schließlich gehörte zur feinen Lebensweise auch die Bildung. Und weil das Schulgeld auch nicht allzu teuer war, lernten die meisten Kinder wenigstens das Lesen und Schreiben.

Seit Ende des 2. Jahrhunderts v. Chr. wurden in Rom zahlreiche Schulen eröffnet. Die Lehrer waren häufig freigelassene Sklaven, die für wenig Geld unterrichteten. Diese „Magister" waren vom Staat nicht kontrolliert.

Für die meisten Kinder, die zunächst die Grundschule (Elementarschule) besuchten, fand das Lernen unter mangelhaften Bedingungen statt. Nur wenige wurden von einem Privatlehrer unterrichtet. Die Mehrheit der römischen Kinder besuchte die römische Grundschule und lernte dort das Lesen und Schreiben in Latein und Griechisch. Mädchen und Jungen wurden gemeinsam unterrichtet. Der Unterricht fand in einem halb offenen, der Straße zugewandten Raum eines Hauses an einer verkehrsgünstigen Straße statt. Häufig war der Schulraum nur notdürftig durch einen Vorhang vom Straßenlärm abgetrennt oder befand sich in einem Säulengang. Die jungen Schülerinnen und Schüler mussten in solchen unbequemen Räumen ständig unter Straßenlärm von morgens bis nachmittags einem recht langweiligen und ermüdenden Unterricht folgen. Die Einrichtung solcher Schulräume war ebenso bescheiden und bestand aus einem Stuhl für den Lehrer, ein paar Schemeln für die Schüler, einer schwarzen Tafel und aus Rechenbrettern und Schreibtäfelchen für die Schüler.

Die Magister in der römischen Elementarschule waren für alle Schulfächer zuständig. Im Allgemeinen mussten die Kinder seitenlang abschreiben oder das ständig wiederholen, was ihnen der Lehrer vorlas und vorschrieb. Die Lehrer waren sehr streng und prügelten mit einem Stock bei schlechten Leistungen. Nur selten gab es für gute Leistungen eine Belohnung, zum Beispiel ein Zuckerplätzchen.

Den vielen Schilderungen über die römische Schule lässt sich entnehmen, dass die Schulzeit für die meisten Kinder ein schreckliches Erlebnis gewesen sein muss. Glücklicherweise war an Markttagen und in den Sommerferien kein Unterricht!

Sehr wohlhabende Römer schickten ihre Kinder auch auf die höheren Schulen. Dort war der Unterricht aber auch nicht viel motivierender. Der Grammatiklehrer, der „grammaticus", übte seine Schüler im Vorlesen, Vortragen und Auslegen griechischer und lateinischer Texte. Diese Grammatikklassen waren nach hellenistischem Vorbild geschaffen worden, wie auch die Literatur, die Kunst und die Wissenschaft von den Griechen übernommen worden ist und von den Römern weiterentwickelt wurde.

Der wirklichkeitsfremde Unterricht in den Grammatikschulen wurde in den Rethorikschulen weitergeführt. Unterrichtet wurde nur auf Griechisch und wiederum waren literarische Übungen hauptsächlicher Unterrichtsgegenstand. Geschichte, Politik, Philosophie und Naturwissenschaften wurden in diesen Schulen nur gestreift, ebenso wie die Unterrichtsfächer Geographie, Musik, Mathematik und die freien Künste. Die Rethorikklasse lernte bei einem „Rethoriklehrer" (Lehrer der Redekunst) griechische Literaten, Dichter und Rethoriker kennen und übte sich im öffentlichen Reden.

Bereits zu dieser Zeit wurden die römischen Schulen stark kritisiert. Der römische Philosoph Seneca verurteilte in seinen Schriften einen Unterricht, der die Menschen nicht für das Leben, sondern Schüler für die Schule bildete.

Claudias und Licinas
erster Schultag

Die Zwillinge Claudia und Licina sind heute sehr aufgeregt. Am Morgen ihres ersten Schultages können sie ihre Beine und Hände einfach nicht mehr ruhig halten. Dabei wissen doch beide genau, dass sie gerade in der Schule besonders still sitzen müssen. Ihre Brüder haben ihnen nämlich schon viel von dem strengen Lehrer, Magister Aurelius, erzählt.

Nach dem Frühstück bekommen die Zwillinge ein kleines Geschenk von ihren Eltern, bevor es dann endlich in die Schule geht.

Das Geschenk ist ein kleines Wachstäfelchen mit einem Holzgriffel. Beide sind sehr stolz, denn nun können sie wie die anderen Kinder in der Schule schreiben lernen.

Heute nimmt sich Claudias und Licinas Vater die Zeit, seine Töchter in die Schule zu bringen. An den nächsten Tagen werden die beiden gemeinsam mit ihren Brüdern gehen. Darüber sind die Zwillinge sehr froh, denn die Schule ist für sie gar nicht so leicht zu finden. Sie befindet sich direkt an einer der vielen, lauten Marktstraßen und Claudia und Licina waren bisher nur selten mit ihrer Mutter dort einkaufen.

Eigentlich haben sich die beiden ihre Schule viel größer vorgestellt. Sie ist nur ein winziger Raum mit niedrigen und dazu noch unbequemen Holzbänken.

Als die Kinder den Raum betreten, begrüßt sie der Magister Aurelius mit tiefer Stimme und stöhnt: „Oje, ihr seid ja Zwillinge. Wie kann ich euch denn bloß unterscheiden? Das wird ja kompliziert!"

Mittlerweile haben sich alle Schulkinder in der kleinen Schule versammelt. Die Zwillinge sind in einer Klasse mit fünfzehn Jungen und Mädchen, die sich munter und durcheinander unterhalten.

Doch als der Magister zu sprechen beginnt, werden alle schlagartig leise - nur der Lärm der Straße ist noch zu hören.

Claudia sitzt scheinbar ruhig auf ihrer Bank, ist aber äußerst aufgeregt und gleichzeitig müde und mit ihren Gedanken überall nur nicht mehr in der Schule. So überhört sie völlig, dass der Lehrer sie auffordert, ihm ihre Schreibtafel zu zeigen.

„Du bist doch die Claudia, oder verwechsel ich dich mit deiner Schwester?", fragt Magister Aurelius und sieht ihr dabei streng in die Augen. Mit knallrotem Kopf entschuldigt Claudia sich und fingert aufgeregt ihre neuen Schreibgeräte aus der Tasche.

Der Lehrer zeigt eine römische 1 und fordert die Kinder auf, die Zahl immer wieder auf ihre Tafeln zu schreiben. Das ist gar nicht so einfach! Die Zahlen werden krumm und schief. Magister Aurelius ist gar nicht zufrieden mit ihnen und glättet ihnen die Wachstäfelchen immer wieder. Und immer wie-

der müssen sie die ganze Tafel voll schreiben.

„Licina, du musst ordentlicher schreiben,“ tadelt Magister Aurelius.

„Ja, Magister Aurelius, aber ich bin Claudia“, erwidert Claudia.

So geht das noch fünf mal an diesem Tag. Den Zwillingen wird das Hin und Her allmählich zu viel, auch wenn die anderen der Klasse das Verwirrspiel äußerst witzig finden.

Claudia und Licina beschließen ihrem Magister Aurelius zu verraten, wie er sie unterscheiden kann. Nach dem Unterricht gehen sie zu ihm.

„Schau mal genau auf unsere Wangen. Fällt dir dann etwas auf?“ Der Magister betrachtet die beiden aufmerksam und plötzlich geht ihm ein Licht auf.

„Du hast als einzige von euch einen Schönheitsfleck auf der Wange“, stellt er fest. Licina nickt und ergänzt: „Tja, und ich bin die Licina.“

Auf Wiedersehen Magister Aurelius, bis Morgen!“, rufen die beiden ihm lachend zu und laufen zu den anderen.

WIR MERKEN UNS RÖMISCHE ZAHLEN

Material: Sandkiste, Seilchen oder Klebeband
Alter: ab 4 Jahren

Damit sich die römischen Zahlen I bis V besonders gut einprägen, können die Zahlen entweder

❍ mit einem Stäbchen in Sand geschrieben werden (dabei nennen die Spieler, die nicht schreiben, die Zahl, die geschrieben werden soll)

❍ mit Seilchen auf den Boden gelegt und dann abgelaufen werden

❍ mit Klebeband auf dem Boden aufgeklebt und dann abgelaufen werden.

ESELSBRÜCKE ZUM LERNEN DER RÖMISCHEN ZAHLEN

Die römischen Zahlzeichen sind für Kinder nicht einfach zu behalten. Am einfachsten sind sicherlich noch die I, II oder III zu merken. Die V=5 stellt meist eine Schwierigkeit dar, aber nicht mehr, wenn an eine Hand gedacht wird, bei der nur die äußeren Finger dargestellt sind. Die X=10 besteht dann einfach aus zwei Händen, eine V oben und eine (umgekehrte) V unten. Die Römer versuchten mit möglichst wenig Zeichen auszukommen. Eine 4 wird also nicht mit vier Zeichen als IIII dargestellt, sondern mit zwei Zeichen IV (eins vor fünf=4), ebenso eine 9 nicht mit fünf Zeichen als VIIII, sondern mit zwei Zeichen IX (eins vor zehn=9). 29 schreibt sich dann XXIX.

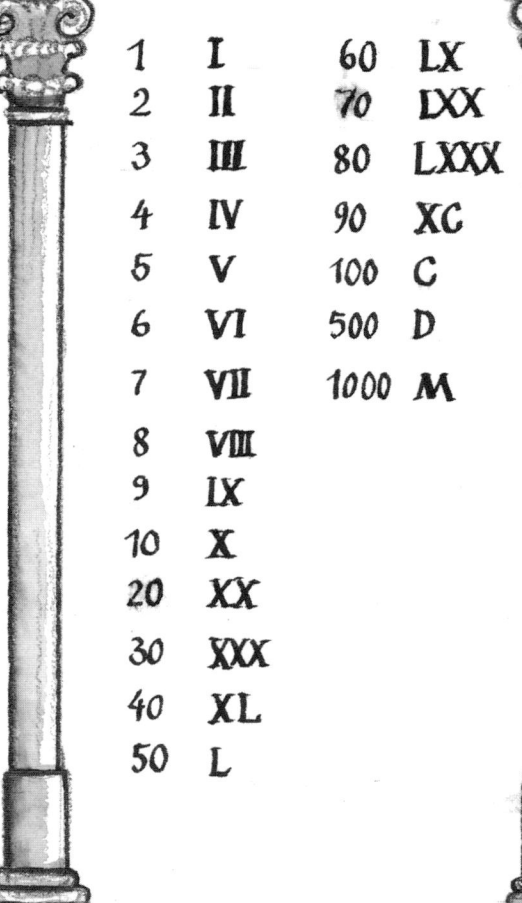

1	I	60	LX
2	II	70	LXX
3	III	80	LXXX
4	IV	90	XC
5	V	100	C
6	VI	500	D
7	VII	1000	M
8	VIII		
9	IX		
10	X		
20	XX		
30	XXX		
40	XL		
50	L		

SCHREIBTÄFELCHEN

Material: 2 dünne Sperrholzbrettchen (je ca. 15 x 20 cm), Holzleiste (1x 1 cm, ca. 150 cm lang), Säge, Schmirgelpapier, Leim, kleine Nägel, Wachs, Bohrer, Bindfaden (Lederband), Schaschlikspieße aus Metall oder Holz
Alter: ab 8 Jahren

Kleinere Notizen hielten die Römerinnen und Römer auf Wachstäfelchen fest. Auch die Schulkinder schrieben auf diesen Täfelchen, indem sie mit Griffeln aus Eisen oder Knochen Buchstaben oder Zahlen in die Wachsschicht einritzten.

EINFACHES SCHREIBTÄFELCHEN

Material: ca. DIN A 5 große Platte aus Pappe, braune Kerzen, Holzstäbchen oder ersatzweise Schaschlikspieß aus Metall oder Holz

Alter: ab 6 Jahren

Ein einfaches Schreibtäfelchen lässt sich auf einer Pappe fertigen.

Die Platte wird mit einer Wachsschicht überzogen, indem Kerzenwachs möglichst glatt aufgeträufelt wird. Ist die Pappe völlig mit Wachs bedeckt, wird die Wachsschicht mit einem Spachtel oder Messer geglättet. Nach dieser Geduldsarbeit können mit einem Holzstäbchen oder Schaschlikspieß die ersten römischen Zeichen eingeritzt werden.

Ist das Schreibtäfelchen voll, wird die Wachsschicht erneut mit dem Spachtel geglättet.

Die Holzleiste wird mit der Säge in je vier Stücke zu 15 und vier Stücke zu 18 cm zerschnitten. Die Leisten werden mit Leim bestrichen und auf die Sperrholzbrettchen so aufgeleimt, dass sie einen Rahmen ergeben, der zusätzlich mit kleinen Nägeln fixiert wird. Nach dem Trocknen des Leims werden Sperrholzbrett und Rahmen mit Schmirgelpapier geglättet. In den Rahmen wird flüssiges Wachs geschüttet, bis der Rahmen fast randvoll mit Wachs gefüllt ist. Nach dem Erkalten des Wachses werden in zwei Längsseiten der Wachstäfelchen Löcher durch den Rahmen gebohrt. Durch die Löcher wird Bindfaden (Lederband) gezogen und verknotet.

Ein zusammenklappbares, römisches Wachstäfelchen ist entstanden.

In die Wachsschicht können mit einem spitzen Gegenstand wie z.B. einem Schaschlikspieß Buchstaben, Zahlen oder Bilder eingeritzt werden. Mit einem flachen, kantigen Gegenstand (z.B. Spachtel, Messer), wird zum „Löschen" des Geschriebenen das Wachs wieder geglättet.

PUPPENSPIEL MIT FLACHPUPPEN

Material: flacher Holzstab, Pappe, Klebstoff, Kopien der römischen Schulszene, Buntstifte oder Wasserfarbe, Klebeband
Alter: ab 4 Jahren

Schule im alten Rom lässt sich auch prima mit Flachpuppen nachspielen. Auf einem berühmten Bild ist eine Szene dargestellt, bei der ein Schüler zu spät in den Unterricht kommt. Die Lehrer in Rom waren sehr streng und mit einfach gebastelten Puppen lässt sich diese Situation leicht zum Leben erwecken.

So werden die Flachpuppen hergestellt: Mit Hilfe eines Kopierers werden die einzelnen Figuren des abgedruckten Bildes auf DIN A 4 vergrößert. Die Blätter werden auf Pappe geklebt, die Figuren ausgeschnitten und farbig gestaltet. Auf der Rückseite wird mit Klebeband ein dünner Stab befestigt.

Sind die Figuren fertig, kann damit nach Lust und Laune vor der gemalten Kulisse einer römischen Schule die genannte Szene nachgespielt, aber auch eine neue Geschichte in Szene gesetzt werden.

Rezept für ein Belohnungsplätzchen

Material: 250 gr. Mehl, 1 Ei, 125 gr. Zucker, 150 gr. Butter
Alter: ab 4 Jahren

Nur ganz selten, als große Ausnahme, erhielten die römischen Schulkinder von ihrem Lehrer eine Belohnung. Wahrscheinlich haben die wenigsten römischen Kinder einmal ein solches Zuckerplätzchen bekommen, wie es hier im Rezept beschrieben wird:

Das Mehl wird auf ein Backbrett gegeben. In das Mehl wird eine Mulde gedrückt und das Ei, der Zucker und die Butter in Flöckchen hineingegeben. Das Ganze wird zu einem Mürbeteig verknetet und für 30 min im Kühlschrank ruhen gelassen.
Danach werden aus dem Teig etwa walnussgroße Kügelchen geformt, die bei 180 Grad etwa 15 min im Backofen backen müssen.

Pausenspiele

Schnippen

Material: Spielsteine, glattes Brett oder Tablett
Alter: ab 6 Jahren

Die römischen Kinder spielten in ihren Pausen auch gern mit kleinen Spielsteinchen, die sie in einem Ledersäckchen mit sich trugen.

Die Spielsteine werden auf einem glatten Brett in ein gegenüberliegendes Tor, das aus anderen Spielsteinen abgegrenzt ist, mit den Fingerspitzen hinübergeschnippt. Landet der Spielstein im Tor, hat der Spieler einen Punkt erreicht.

Schattentanz

Material: -
Alter: ab 6 Jahren

Die Kinder laufen paarweise, dabei bildet eines den Schatten des anderen und ahmt möglichst alle Bewegungen zeitgleich nach.

Hafeneinfahrt

Material: -
Alter: ab 6 Jahren

Hat der strenge römische Lehrer ausnahmsweise mal eine spannende Geschichte erzählt, machten die römischen Schulkinder gleich ein Pausenspiel (wie das über die römischen Seefahrer) daraus.

Alle bis auf zwei SpielerInnen stellen sich in einem Kreis so weit auseinander auf, dass sie sich gerade noch die Hände reichen können.
Die zwei Übrigen spielen römische Seeschiffe, die auf der Suche nach ihrem Zielhafen sind. Sie laufen an der Außenseite des Kreises entlang. Passen die im Kreis stehenden SpielerInnen nicht auf, können die „Schiffe" in den Kreis schlüpfen und haben ihren Hafen erreicht.
Die beiden SpielerInnen, die die Schiffe passieren ließen übernehmen die Rolle der römischen Seeschiffe.
Zur Abwechslung können sich die Seeschiffe auch hüpfend, krabbelnd oder rückwärts fortbewegen.

DE LUDIBUS
Römische Kinderspiele

Wie in der römischen Schule wurden die Kinder in der römischen Familie meistens streng erzogen. Die beherrschende Rolle des Vaters veränderte sich mit der gesellschaftlichen Entwicklung. Während der Vater beispielsweise in früherer Zeit seine Familienangehörigen töten lassen durfte, hatte er später „nur" noch das Recht, seine Kinder auszusetzen. Mit der Zeit nahm auch die absolute Autorität des Mannes als Familienoberhaupt ab. Die Frau galt als gleichberechtigt, durfte über eigenes Vermögen verfügen und erhielt in späterer Zeit das Wahlrecht.

Die Erziehung der Kinder wandelte sich und es wurde Mode, eine mildere Erziehung walten zu lassen. Die Erziehungsgrundsätze aus früherer Zeit bestanden für die Söhne in der Erziehung zur Härte, Tugendhaftigkeit und Pflichterfüllung. Die Mädchen sollten für die Rolle der Hausfrau vorbereitet werden.

Nicht einmal die strengen Eltern und Lehrer in Rom aber hatten etwas dagegen, wenn die Kinder in ihrer Freizeit viel spielten, um sich zu erholen und zu vergnügen. Im Gegenteil, um eine richtige Römerin oder ein richtiger Römer zu werden, mussten sich die Kinder schon früh „im Spielen" üben. Die Erwachsenen waren schließlich für ihre Spielleidenschaft bekannt. Sie kannten eine Vielzahl von Unterhaltungsspielen, spielten allerdings meistens um Geld. Diese Spiele brachten den ein oder anderen in beträchtliche, wirtschaftliche Schwierigkeiten. Aus diesem Grund wurden Gesetze eingeführt, die das Spielen um Geld nur noch im Monat Dezember gestatteten.

Die römischen Kinder waren da besser dran. Gern spielten sie mit Nüssen und entwickelten zahlreiche, phantasievolle Spiele und Spielregeln. Als Spielsteine dienten auch kleine bunte Steinchen, die sie in hübschen kleinen Dosen oder Beuteln aufbewahrten. Mit diesen Spielsteinen spielten sie mit Vorliebe Brettspiele, von denen uns zum Beispiel die bekannte „Mühle" überliefert ist.

In römischer Zeit war das Spielbrett für das Mühlespiel aus Stein und die Spielsteine aus weißem und schwarzem Kieselstein.

Die römischen Kinder hatten zwar nicht so viel Spielzeug wie viele Kinder heute, jedoch kannten sie bereits den Kreisel, das Jo-Jo sowie den Würfel zum Spielen von Brettspielen.

MELO LERNT DAS ORCA-SPIEL KENNEN

Hallo, ich bin Melo. Meine Eltern sind Gaukler und wir ziehen von Jahrmarkt zu Jahrmarkt. Ich habe schon viel von der Welt gesehen, denn das römische Reich ist groß. Wenn meine Eltern auf dem Jahrmarkt arbeiten, habe ich manches Mal Langeweile. Schließlich bin ich an jedem Ort erstmal fremd und immer wieder neue Freunde zu finden, das ist oft gar nicht so einfach. Viele Kinder kommen fein gekleidet mit ihren Eltern zu uns auf den Jahrmarkt aber spielen dürfen sie mit mir nicht.

Neulich hatte ich Glück! Nämlich an dem Tag, als ich Prisca kennen lernte. Prisca heißt eigentlich Prisca Silvane. Sie ist die Tochter des Garkochs Sucus. Er brät wunderbar gefüllte Teigtaschen auf dem Jahrmarkt - die sind vielleicht lecker!!!
Prisca ist ein sehr schönes römisches Mädchen mit tief schwarzen Locken. Als ich sie das erste Mal traf, kramte sie aus einem kleinen Lederbeutelchen ein paar Nüsse. Ich dachte, sie wolle sie essen und bot an, die Nüsse für sie zu knacken. Da schüttelte Prisca sich vor Lachen. „Nein, nein, die Nüsse sind nicht zum essen da, mit denen will ich spielen", rief sie, „hast du Lust mitzumachen?"

Ich konnte mir gar nicht vorstellen, was für ein Spiel Prisca meinen könnte. Aber ich fand das Mädchen sehr nett, Langeweile hatte ich auch und zum Spielen hatte ich immer Lust.

Prisca reichte mir eine Hand voll Nüsse aus ihrem Lederbeutel. Flugs grub sie ein kleines Loch in den Weg. Ich schaute verblüfft und Prisca lachte erneut: „Wir werfen die Nüsse in das Loch", erklärte sie und stellte mich etwa zwei Meter vor das Loch. Ich ließ mir das gefallen.
„Jetzt musst du mit einer Nuss ins Loch treffen!"
Der erste Wurf ging leider daneben und Prisca lachte wieder. Nun war sie an der Reihe. Ihre Nuss landete direkt im Loch.
Jetzt musste ich mich anstrengen! Meine zweite Nuss war ein Treffer! So ging es hin und her. Prisca hatte deutlich mehr Übung, aber der ein oder andere Wurf gelang mir auch! Als alle Nüsse geworfen waren, zählten wir unsere Punkte und begannen das Spiel von neuem, bis Prisca zum Essen gerufen wurde.
Ich war traurig, doch Prisca lachte, umarmte mich und fragte: „Kommst du morgen Nachmittag wieder zum Orcaspielen?" - „Orca heißt dieses Spiel also", flüsterte ich, nickte ihr zu und dachte noch lange an die lachende Prisca mit ihren schönen schwarzen Locken.

ORCA-SPIEL

Material: Je SpielerIn 5 Nüsse (am besten Haselnüsse), ein Tongefäß („Orca")
Alter: ab 4 Jahren

Ein sehr beliebtes Spiel bei den Römern war das Orca-Spiel.

Das Tongefäß - die „Orca" - wird in einer Entfernung von etwa 2 m vor den SpielerInnen aufgestellt. Reihum versuchen sie eine Nuss in die Orca zu werfen. Für jede Nuss, die im Ziel landet, wird ein Punkt notiert. Das Spiel wird über mehrere Runden gespielt. Gewonnen hat, wer die meisten Punkte (Treffer) erzielt hat.

MÜHLE

Material: je 9 weiße und schwarze Spielsteine, 1 Spielfeld (kann leicht selbst hergestellt werden)
Alter: ab 8 Jahren

Das Mühlespiel war in verschiedenen Varianten bei den Römern verbreitet. Hier wird die Variante beschrieben, die auch heute noch gern von zwei SpielerInnen gespielt wird.

Jeder Spieler erhält 9 weiße oder schwarze Spielsteine. Die Spieler dürfen abwechselnd je einen Stein auf ein beliebiges Feld des Spielfeldes setzen. Dabei ist jeder bestrebt, eine „Mühle" zu bilden, also drei Steine seiner Farbe in eine Reihe zu bringen. Selbstverständlich versucht der andere Spieler durch Setzen eigener Steine, dies zu verhindern. Wer es geschafft hat, eine „Mühle" zu setzen, darf einen beliebigen Spielstein des Gegners aus dem Spiel nehmen.

Wenn alle Steine gesetzt sind, wird abwechselnd mit jeweils einem Stein gezogen. Der Spielstein darf nur jeweils einen Schritt bis zum nächsten Punkt gesetzt werden. Auch hierbei versucht jeder Spieler, Mühlen zu bilden und dem Gegner einen Spielstein aus dem Feld zu nehmen.

Sobald ein Spieler nur noch drei Spielsteine im Spiel hat, darf er mit seinen Steinen springen und sie auf jeden freien Punkt setzen. Hat ein Gegner nur noch zwei Steine, kann er keine Mühle mehr bilden und hat verloren.

Gerade - Ungerade

Material: Eine Hand voll kleiner Gegenstände (z.B. Nüsse, Bohnen, Streichhölzer)
Alter: ab 6 Jahren

Zwei Spieler stehen oder sitzen sich gegenüber. Einer der beiden hält in seiner zur Faust geballten Hand eine bestimmte Anzahl kleiner Gegenstände. Der andere Spieler muss nun raten, ob die Zahl z.B. der Nüsse in der Hand gerade oder ungerade ist. Rät er richtig, erhält er von dem anderen Spieler eine Nuss. Dann wird gewechselt.

Zunächst haben beide Spieler gleich viele Nüsse. Gewinner ist, wer hinterher alle Nüsse besitzt.

Blinde Kuh

Material: Tuch zum Verbinden der Augen
Alter: ab 4 Jahren

Dieses heute noch bekannte Spiel war auch schon bei den Römern recht beliebt. Möglichst viele Kinder, mindestens aber vier, spielen mit. Einem Spieler werden die Augen verbunden. Die anderen laufen herum und berühren und ärgern die Blindekuh. Wen die Blindekuh fest hält, der muss sich an ihrer Stelle die Augen verbinden lassen.

Wenn sich alle Kinder kennen, kann Blindekuh auch anders gespielt werden; die Blindekuh muss dann erraten, welches Kind sie gefangen hat. Erst wenn sie richtig geraten hat, wird sie abgelöst.
Oder: Zwei Kindern werden die Augen verbunden und sie müssen versuchen, sich im Getümmel zu finden.

Nüsse Kullern

Material: Je SpielerIn 10 Walnüsse, Schiefe Ebene (Tablett, Pappe)
Alter: ab 4 Jahren

Nüsse waren beliebte Spielgegenstände bei den Römern. Auch in diesem Spiel sind sie die Spielwerkzeuge.

Die SpielerInnen bekommen jeweils 10 Walnüsse. Nacheinander lassen sie eine Nuss über eine schiefe Ebene (z.B. Tablett, Zeichenblock o.Ä.) hinabkullern. Wer dabei mit seiner Nuss eine andere trifft, darf sich die eigene und die getroffene Nuss wieder nehmen. Wird keine Nuss getroffen, bleibt sie als Ziel für die anderen liegen.
Gewonnen hat, wer als Letzter noch Nüsse hat.

Tierfiguren aus Ton

Material: roter Ton, Kaffeelöffel, etwas Wasser
Alter: ab 6 Jahren

Im Römisch-Germanischen Museum in Köln sind getöpferte Tierfiguren ausgestellt, mit denen römische Kinder gespielt haben.

Zur Herstellung solcher Tierfiguren wird roter Ton benötigt, der etwa 5 Minuten lang gut durchgeknetet wird. Je nach Fantasie können kleine Tiere geformt werden, z.B. ein kleines Huhn.
Dabei ist zu beachten, dass der Körper des Tieres sehr gut verknetet wird und Ansatzstücke wie Ohren, Pfoten oder Schnäbel gut angeknetet werden, damit sie beim Brennen nicht abbrechen.
Mit Hilfe eines Kaffeelöffels können Strukturen wie Fell oder Federn eingeritzt, sowie Wölbungen im Körper aufmodelliert werden.
Nach Fertigstellung der kleinen Spielfiguren müssen sie mindestens eine Woche in einem kühlen Raum gut durchtrocknen, bevor sie bei 900 Grad im Brennofen gebrannt werden können.

Tierfiguren aus Knete oder Fimo

Material: rotbraune Knete oder Fimo
Alter: ab 4 Jahren

Kleine Tierfiguren können auch aus rotbrauner Knete oder aus Fimo gestaltet werden.
Mit Figuren aus Fimo, das im Backofen bei 130 Grad ca. 20 bis 30 Minuten nach der Fertigstellung gebacken werden muss, können die Kinder hinterher spielen, wie es die römischen Kinder mit ihren Tierfiguren auch getan haben.

Als Figuren eignen sich einfache Tierformen, wie Igel, Würmer, Fische etc.

KREISEL

Material: runde Sperrholzscheibe von etwa 6 cm Durchmesser und 4 mm Dicke, Laubsäge oder Lochsäge, Bohrmaschine mit 6 mm Bohrer, Rundstab von 6 mm Durchmesser und etwa 8 cm Länge, Raspel und Schmirgelpapier, Holzleim, Wasserfarbe, Pinsel
Alter: ab 6 Jahren

Von bildlichen Darstellungen wissen wir, dass kleinere römische Kinder gerne mit Kreiseln gespielt haben.

Zur Herstellung eines solchen Holzkreisels wird eine runde Scheibe von etwa 6 cm Durchmesser mit der Laubsäge oder einer Lochsäge aus 4 mm starkem Sperrholz ausgesägt. Wenn mit der Lochsäge gearbeitet wird, befindet sich bereits im Mittelpunkt der kreisförmigen Holzscheibe ein Loch, ansonsten muss es mit der Bohrmaschine und einem 6 mm Bohrer hineingebohrt werden. Der Rundstab wird anschließend an einer Seite mit der Raspel und Schmirgelpapier spitz zugefeilt und abschließend so in die Sperrholzscheibe eingeleimt, dass das Ende mit der Spitze etwa 2 cm aus der Scheibe herausragt.
Nach dem Trocknen des Leimes kann der Kreisel noch einmal mit feinem Schmirgelpapier bearbeitet werden, bevor er mit Wasserfarbe schön bunt bemalt wird.

BALL, MIT FEDERN ODER HAAREN GEFÜLLT

Material: Stoff oder Filz, Federn oder ersatzweise Wollreste, Schnur oder Wolle
Alter: ab 4 Jahren

Römische Kinder haben gerne mit Bällen gespielt, die mit Federn oder Haaren gefüllt waren.

Zuerst wird ein ca. 30 x 30 cm großes Stück Stoff ausgeschnitten. Auf dieses Stoffstück werden so viele Federn oder Wollreste gehäuft, dass es gut gefüllt ist, wenn die vier Ecken des Stoffes zusammengenommen werden.
Es ist hilfreich, wenn ein Kind die Enden zusammenhält und ein anderes den Stoff mit Schnur fest umwickelt und verknotet. Dann können die Schnur und die Stoffenden kurz abgeschnitten werden.

SPIELWÜRFEL

Material: Modelliermasse, kleines Messer, Wasserfarbe, Pinsel
Alter: ab 6 Jahren

Für die zahlreichen Würfelspiele der Kinder und Erwachsenen hatten die Römer Würfel aus Knochen oder Ton, die unseren Würfeln sehr ähnlich sahen. Wir schlagen vor, solch einen Würfel aus Modelliermasse zu gestalten.

Zuerst wird aus der Modelliermasse ein kleines Klötzchen mit dem Messer ausgeschnitten, das etwa Würfelform besitzen sollte. Nachdem die Kanten leicht abgerundet worden sind, werden mit dem Pinselstiel die Augenzahlen in die Seiten des Würfels gedrückt. (Bei einem Würfel ergeben die Augenzahlen der gegenüberliegenden Seiten immer 7.)
Der modellierte Würfel muss einige Tage durchtrocknen, bevor mit ihm gespielt werden kann. Wahlweise ist es möglich, die Oberfläche des Würfels mit Wasserfarben farbig zu gestalten.

LEDERSÄCKCHEN FÜR SPIELSTEINE

Material: weiches Leder (Fensterleder), Nadel, Garn, Schere, Schnur oder Lederband, Filzstift
Alter: ab 6 Jahren

Damit die Spielsteine oder Nüsse nicht verloren gingen, bewahrten die römischen Kinder und Erwachsenen die kleinen Steinchen oder Knöchelchen zum Spielen in Ledersäckchen auf.

Zwei ca. 10 x 10 cm große Lederstücke werden an drei Seiten mit kleinen Stichen zusammengenäht. Damit die Spielsteine nicht herausrollen können, wird der obere Rand mit kleinen Löchern versehen, durch die eine Schnur oder ein Lederband gezogen und zugebunden wird.
Wenn mit Filzstift die (römischen) Namen der BesitzerInnen auf die Beutel geschrieben werden, können die Ledersäckchen nicht mehr verwechselt werden.

TRIGON

Material Ball (mit Federn oder Haaren gefüllt)
Alter: ab 4 Jahren

Besondere Freude am Trigon-Spiel hatten nicht nur Kinder sondern auch die Erwachsenen beim Besuch der Thermen.

Drei Spieler stellen sich im Dreieck auf. Ein Spieler wirft mit einer Hand dem nächsten den Ball zu. Dieser fängt den Ball mit einer Hand auf und wirft ihn mit der anderen Hand so schnell wie möglich dem dritten zu, der wiederum den Ball mit einer Hand auffängt und der anderen Hand weiter spielt. Geht das Spiel sehr zügig, verlangt es recht große Geschicklichkeit.

Eine schwierigere Variante ist das Spiel mit drei Bällen, die dann ständig gleichzeitig in der Luft sind.

LUDUS XII SCRIPTORUM (12-FELDER-SPIEL)

Material: Spielfeld (Zeichnung), je zwölf weiße bzw. schwarze Spielsteine, 2 Würfel
Alter: ab 8 Jahren

Das „Ludus XII scriptorum" war ein beliebtes Brettspiel, das von zwei Spielern gespielt wurde. Es gehört zu den am häufigsten erwähnten Spielen der Antike und zeigt eine Verwandtschaft zu den heute noch gebräuchlichen Spielen Tric-Trac, Puff oder Backgammon. Hier wird die einfachere Variante des Spiels mit 24 Steinen und zwei Würfeln beschrieben, in einer schwierigeren Variante wurde mit 30 Steinen und drei Würfeln gespielt.

Zu Beginn steht auf jedem der mit A gekennzeichneten Spielfelder je ein schwarzer und ein weißer Spielstein. Einem Spieler gehören die weißen, einem anderen die schwarzen Steine. Jeder Spieler würfelt zu Beginn einmal mit einem Würfel, wer die höchste Punktzahl erreicht hat, beginnt mit dem Spiel.

Abwechselnd wird mit zwei Würfeln gewürfelt; wenn beide Würfel die gleiche Augenzahl zeigen („Pasch") darf noch einmal gewürfelt werden. Der Spieler darf jeweils selbst entscheiden, ob er die Punktzahlen der beiden Würfel auf zwei Spielsteine verteilt, und mit jedem die entsprechende Anzahl von Feldern weiterrückt, oder ob er die Augenzahlen von beiden Würfeln addiert und mit nur einem Spielstein die entsprechende Felderzahl vorrückt. Von den „A"-Feldern wird auf die „B"-Felder, „C"-Felder, „D"-Felder und schließlich auf die „E"-Felder gezogen. Wenn allerdings auf den mit „B" bis „E" gekennzeichneten Spielfeldern nur jeweils ein Stein einer Farbe steht, kann er von einem andersfarbigen Stein, der auf dieses Feld gelangt „hinausgeworfen" werden und muss wieder beim ersten freien „A"-Feld beginnen. Stehen zwei Steine der gleichen Farbe auf einem Spielfeld, so ist das Feld für Steine der anderen Farbe „gesperrt", darf jedoch übersprungen werden.

Wenn alle Spielsteine einer Farbe auf den „E"-Feldern angeordnet sind, darf derjenige Spieler mit dem Hinauswürfeln beginnen. Auch mit einer höheren als der benötigten Punktzahl darf über das letzte „E"-Feld hinausgesetzt werden. Gewonnen hat derjenige, dessen Spielsteine als Erstes vom Spielfeld gesetzt sind.

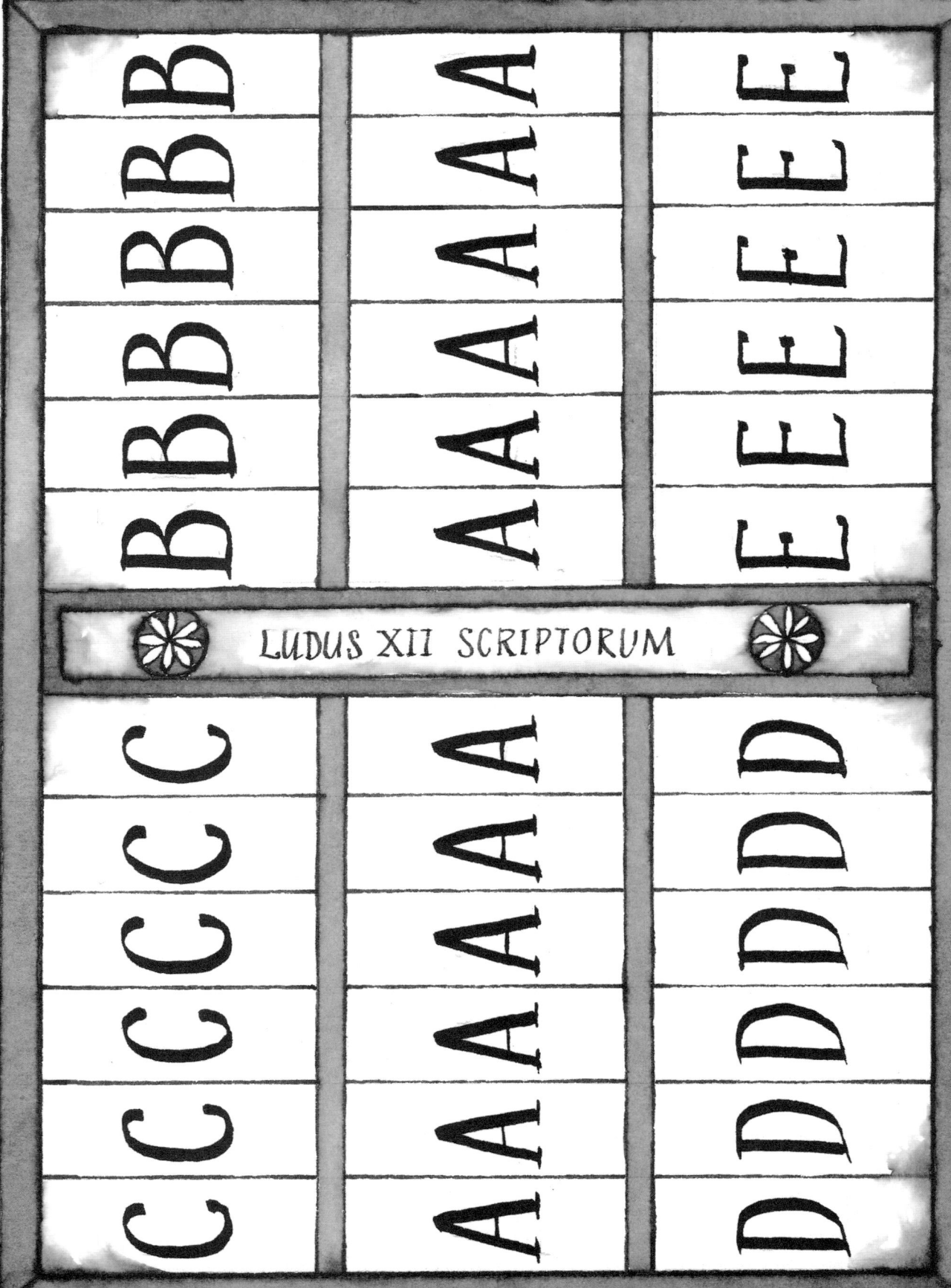

LUDUS XII SCRIPTORUM

DE ECERCITU
Römisches Militär

Ein Ziel der römischen Kaiser bestand in der Ausweitung und Sicherung des römischen Reiches. Dafür hielten sie sich eine Armee. Zur römischen Kaiserzeit umfasste das Heer etwa 140.000 Soldaten, die in 28 Legionen ihren Dienst taten. Voraussetzung für den Dienst in den Legionen war das römische Bürgerrecht. Darüber hinaus gab es die Hilfstruppen, in denen auch Soldaten dienten, die in den Provinzen rekrutiert worden waren und das römische Bürgerrecht nicht besaßen.

Die Legion, der größte militärische Verband innerhalb des römischen Heeres, bestand aus etwa 5.000 bis 6.000 Soldaten. Eine Legion war in 10 Kohorten zu etwa 500 Mann gegliedert, hinzu kamen Offiziere, Legionsreiter, Handwerker und Lazarettpersonal. Die Kohorte wiederum gliederte sich in sechs Centurien zu je etwa 80 Legionären. Je acht Soldaten einer Centurie bildeten eine Gemeinschaft. Diese Gemeinschaft teilte sich ein Zelt oder einen Raum innerhalb der Kaserne, bereitete gemeinsam ihr Essen zu und wurde gemeinsam zu verschiedenen Aufgaben eingesetzt. Die einfachen Legionäre - wie erwähnt freie römische Bürger - waren Berufssoldaten, die sich auf eine Dienstzeit von 20 Jahren verpflichtet hatten. Diese Mindestdienstzeit wurde jedoch häufig auch überschritten. Am Schluss ihrer Dienstzeit erhielten sie eine Geldabfindung oder ein Stück Land.

In der Kaiserzeit bestand die Uniform der römischen Legionäre aus einer kurzärmeligen roten Tunika und einem eisernen Panzer darüber. An den Füßen trugen die Soldaten Sandalen mit schweren Sohlen (caligae), die mit Eisennägeln beschlagen waren. Als Kopfschutz wurde ein eiserner oder bronzener Helm (cassis) getragen, der mit Wangenklappen und Stirnschutz versehen war. Im Helm waren Öffnungen für die Ohren angebracht, damit die Soldaten die Befehle besser hören konnten. Vor schlechtem Wetter schützte der Soldatenmantel (sagum), ein Umhang aus Wollstoff, der gleichzeitig als Decke für die Nacht diente.

Zur Bewaffnung gehörte eine Wurflanze mit eiserner Spitze (pilum), ein Dolch (pugio), ein kurzes Schwert (gladius) sowie ein rechteckiger Schild (scutum), der mit Leder bezogen war und mit der linken Hand geführt wurde. Diese Standardausrüstung wurde bei Spezialtruppen (z.B. Reitereinheiten oder Bogenschützen) noch ergänzt. Die Legionen verfügten auch über Geschütze, mit denen Steinkugeln und Bolzen verschossen wurden. Neben den Waffen gehörten noch Werkzeuge, Kochgeschirr und eine eiserne Ration an Nahrungsmitteln zur Ausrüstung des Soldaten, so dass er auf einem Marsch ein Marschgepäck von etwa 20 kg an seinem Tragestock (furca) zu schleppen hatte.

Wie bei jeder Armee gab es selbstverständlich auch bei den Römern Auszeichnungen für besondere Tapferkeit. Diese Orden waren je nach Dienstgrad kreisrunde verzierte Metallscheiben, Armreifen oder Halsringe, in den höheren Dienstgraden Kränze z.B. aus Eichenlaub - oder auch aus Gold.

Die Überreste aus der Römerzeit, die hier in Deutschland gefunden worden sind, stammen aus Militärniederlassungen und zeigen uns meist viel über das tägliche Leben des Legionssoldaten. Gute Verpflegung beispielsweise war Voraussetzung für die Einsatzbereitschaft der Armee. Der Nachschub kam auf Schiffen über die Flüsse aus dem Mittelmeergebiet. Neben Getreide, aus dem Brot gebacken oder ein Brei zubereitet wurde, stand auch Fleisch und Gemüse auf dem Speiseplan. Eine zentrale Küche für das ganze Lager gab es nicht, sondern die Soldaten bereiteten ihre Mahlzeiten selbst zu. Die Kosten für die Verpflegung wurde vom Sold abgezogen.

Die Legionslager hier bei uns in Germanien dienten vor allem der Grenzsicherung des römischen Reiches. In Süddeutschland kam als besondere Grenzsicherung zwischen den Jahren 83 und etwa 150 n. Chr. ein besonderes Grenzbauwerk, der Limes hinzu. Beginnend südlich von Bonn zieht sich dieser 550 km lange durchgehende Grenzwall über den Taunus am Main entlang bis Lorch (Württ.), wo er einen Bogen macht und bis nahe Regensburg an die Donau führt. Der Limes bestand neben einem Graben aus Steinmauern oder Palisadenzäunen. Die über tausend dreistöckigen Wachtürme am Limes standen in Sichtweite zueinander, um Signale schnell weitergeben zu können. Hinter dem Limes konnte sich über die Jahre hinweg sogar ein regelrecht friedliches Miteinander zwischen den römischen Legionären und der besetzten germanischen Bevölkerung entwickeln. Die Grenzbewohner arrangierten sich mit den Römern, es kam zu vielfachen Handelskontakten und sogar von Eheschließungen wird berichtet. Die Germanen auf der nördlichen Seite des Limes versuchten dagegen über Jahrhunderte, die römischen Besatzer zu vertreiben, was ihnen letztendlich auch gelang.

FLAVIUS UND RUFUS GEWINNEN EINEN WÜRFELTURM

Flavius und Rufus sind verabredet. Die beiden Freunde haben mal wieder vor, gemeinsam ihre neue Umgebung zu erkunden. Lange wohnen Flavius und Rufus nämlich noch nicht in der kleinen römischen Provinz in Germanien in der Nähe des Limes. Heute Nachmittag wollen sie am Limes entlang nach neuen Abenteuern suchen.

Der Limes ist die von den Römern angelegte und bewachte Grenze, die Germanien vom eroberten Teil Germaniens mit seinen neu gegründeten römischen Provinzen trennt.
Damit es nicht dauernd zu Auseinandersetzungen mit den Germanen, die ihr Land eigentlich wieder haben wollen, kommen kann, haben die Römer eine ganz hohe Mauer aus Stein und Holz gebaut. Diesen Grenzwall lassen sie von Soldaten bewachen, die in hohen Wachttürmen sitzen und aufpassen, dass keine Germanen die Mauer überwinden.
Flavius und Rufus sind neugierig auf diese Grenzbefestigung. Sie wollen später Reporter werden und in Rom berichten, was hier in den römischen Provinzen passiert.

Schnell erreichen die beiden den Limes, denn er führt nah an ihrem Wohnort vorbei. Sie hatten viel von seiner Größe gehört, aber so hoch hatten sie sich die Mauer dennoch nicht vorgestellt.
Sie ist bestimmt doppelt so hoch, wie Rufus und Flavius zusammen groß sind, gar nicht zu reden von dem Wachtturm, der noch viel höher ist.

Als sie noch staunend vor dem Turm stehen, kommt ein Legionär auf sie zu. Sie erkennen den Soldaten sofort an der roten Tunika und seinen schweren Sandalen. Auf dem Kopf trägt er einen eisernen Helm. „Sollen wir mal prüfen, ob der uns überhaupt hören kann, mit seinem schweren Helm?", fragt Rufus seinen Freund. „Und ob ich hören kann", antwortet ungefragt der Soldat und nimmt seinen Helm ab. „Schaut mal, hier sind extra Löcher im Helm, damit ich alles genau hören kann!"

Flavius und Rufus bestaunen den eisernen Helm, der in der Sonne leuchtend blinkt. „Habt ihr irgendetwas Essbares dabei?", fragt der Soldat die Kinder. „Ich bin jetzt seit über 10 Stunden hier im Dienst und habe einen Mordshunger!"

Die beiden haben tatsächlich ein kleines Proviantpäckchen im Sack. Die Mutter hat ihnen für ihre Expedition zum Limes Brote mitgegeben, aber dar-

auf verzichten? Flavius hat eine Idee: „Wir haben wohl etwas Brot für dich. Das kannst du haben, aber wir machen erst ein kleines Spielchen. Wenn du gewinnst, bekommst du das Brot, wenn du verlierst, gibst du uns deinen Helm!"

Der Legionär denkt einen Augenblick lang nach: Wenn er ohne den Helm ins Lager käme - nicht auszudenken, was das für einen Ärger gäbe! Aber er als erfahrener Spieler kann sich wiederum ziemlich sicher sein, dass er gegen diese Kinder leicht gewinnen kann.

„Nun gut, hier ist mein Würfelturm", geht er auf den Vorschlag ein. „Wer von uns die höchste Zahl würfelt, hat gewonnen." Die Kinder sind einverstanden.
Verzweifelt sucht der Legionär in seinem Gepäck nach einem Würfel - nach einem ganz bestimmten! - nach dem Würfel, mit dem er immer gewinnt! Gegenüber der Sechs ist sein Würfel etwas schwerer. So würfelt er jedes Mal eine sechs. Auf diese Weise hat er schon oft seine Kameraden betrogen. Aber heute ist der trickreiche Würfel in seinem Tragesack einfach nicht aufzufinden! Jetzt zieht auch noch Rufus einen Würfel aus seiner Tasche.
„Wohl oder übel werde ich ehrlich spielen müssen! Wenn das mal gut geht!", denkt sich der Legionär.

Die Kinder werfen den Würfel in den Würfelturm des Soldaten. Er kullert ein wenig die Treppe herunter und ... nicht zu fassen! - sie haben eine sechs gewürfelt.
Dem Legionär wird mulmig, als er den Würfel in den Würfelturm fallen lässt. Verflixt, eine eins!
Jetzt hat er doch tatsächlich seinen Helm verwettet und verloren.

Der Soldat wird ganz kleinlaut. Flavius und Rufus erfahren was ihm blüht, wenn er ohne seinen Helm ins Lager zurückkommt. Sie haben Mitleid und machen ihm erneut einen Vorschlag: „Na gut, gib uns deinen Würfelturm, damit sind wir auch zufrieden." Und weil er so unglücklich dreinschaut, schenken ihm die Kinder schließlich auch noch ihr Brot.

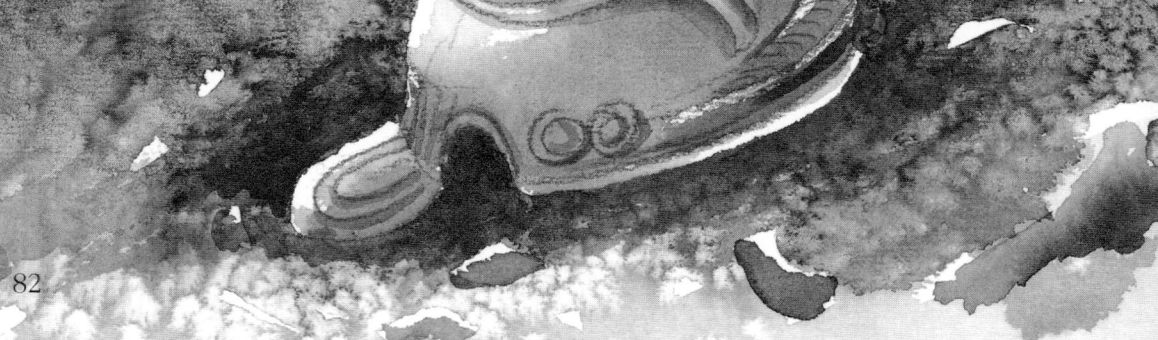

Die folgenden Anleitungen zur Herstellung römischer Soldatenausrüstungen sind nicht als Anregung zum Kriegsspiel gedacht.

Die Funde aus der Römerzeit in unseren Regionen stammen ausnahmslos aus einer Zeit des Krieges bzw. der gewaltsamen Besetzung Germaniens. Sie zeigen uns neben der militärischen Entwicklung einiges über die Lebensart und Kultur dieser Zeit.

Gerade diese Funde in unserer Nähe stellen für uns und vor allem für die Kinder in der Regel eine erste greifbare Verbindung zum Thema Römer her.

Über das Interesse an dieser Verbindung, das Nachvollziehen römischen Lebens bei uns und über das Wissen um die Übernahme römischer Werte in unsere Kultur bis heute, lassen sich die militärischen Elemente als ein Teil der gesellschaftlichen Entwicklungen thematisieren.

Dass Kultur und Geschichte über und durch kriegerische Auseinandersetzungen geprägt werden, ist eine Tatsache. Welche Berechtigung solche gewaltsamen Vereinahmungen haben, ist ein Thema, das in diesem Zusammenhang sinnvoll aufgegriffen werden kann.

DOLCH (PUGIO)

Material: feste Pappe (oder dünnes Sperrholz), Schere (oder Laubsäge, feines Sandpapier), Wasserfarbe, matter Klarlack, Pinsel, bunte Steinchen zur Verzierung, Klebstoff
Alter: ab 6 (ab 8) Jahren

Dolche als Ausrüstungsgegenstände sind vielfach gefunden worden.

Zur Nachgestaltung eines Dolches wird die Form aus fester Pappe mit der Schere ausgeschnitten bzw. aus dünnem Sperrholz mit der Laubsäge ausgesägt. Nachdem der Dolch mit Wasserfarbe bemalt und getrocknet ist (Sperrholz muss zuvor geschmirgelt werden), wird er mit mattem Klarlack überzogen. Abschließend können Verzierungen mit bunten Steinchen angebracht werden.

KURZSCHWERT (GLADIUS)

Material: feste Pappe (oder dünnes Sperrholz), Schere (oder Laubsäge, feines Sandpapier), Wasserfarbe, matter Klarlack, Pinsel, bunte Steinchen zur Verzierung, Klebstoff

Alter: ab 6 (ab 8) Jahren

Wichtigste Waffe des römischen Soldaten für den Kampf Mann gegen Mann war das Kurzschwert, dessen Nachgestaltung hier beschrieben wird.

Die Form wird aus fester Pappe mit der Schere ausgeschnitten oder mit der Laubsäge aus Sperrholz ausgesägt und anschließend mit Sandpapier glattgeschmirgelt.
Das Schwert wird mit Wasserfarben bemalt und nach dem Trocknen mit mattem Klarlack überzogen. Schließlich kann das Schwert durch das Aufkleben von bunten Steinchen noch weiter verziert werden.

METALLBESCHLÄGE FÜR DOLCHE UND SCHWERTER

Material: Metallfolie, Schere, Nadel (Prickelnadel), Klebstoff
Alter: ab 4 Jahren

Dolch oder Schwert waren häufig durch Silber oder Messingdraht besonders verziert. Auch die hier beschriebenen Nachbildungen von Dolch und Schwert lassen sich weiter durch Metallfolien verzieren.

Für den Griff oder den Knauf des Griffes wird ein Folienstück zugeschnitten. Es ist auch möglich, durchbrochene Formen (Lochmuster) auszuschneiden. Mit einer Nadel werden verschiedene Ornamente in die Folie geritzt. Anschließend wird die Folie auf die gewünschte Stelle von Dolch oder Schwert aufgeklebt.

GOLDENER EFEUKRANZ

Material: Goldfolie, Draht, Klebeband, Schere, Klebstoff; für die einfachere Variante: Pappe, Goldpapier
Alter: ab 6 Jahren; Variante ab 4 Jahren

Kränze aus Laub oder auch aus Gold wurden als Auszeichnungen für besondere Tapferkeit verliehen. Zur Ausrüstung des kleinen Legionärs passt hervorragend dieser goldene Efeukranz.

Ein Draht wird so zu einem Ring gebogen, dass er als Kranz auf den Kopf des „Legionärs" passt. Die spitzen Enden werden zusammengedreht und mit Klebeband am Draht festgebunden, so dass es nicht zu Verletzungen kommen kann. Jetzt werden aus der Goldfolie die Efeublätter ausgeschnitten und am Drahtring mit Klebstoff (oder evtl. auch mit Klebeband) befestigt.

Variante:
Auch kleinere Kinder können einen etwas weniger aufwendigen goldenen Kranz selber herstellen. In diesem Fall muss für die Kinder aus einem Pappstreifen ein Ring zusammengeklebt oder getackert werden, der ungefähr dem Kopfumfang entspricht. Auf diesen Ring können dann gerissene Golpapierstückchen aufgeklebt werden.

LANZE (PILUM)

Material: feste Pappe (dünnes Sperrholz), Besenstiel oder ähnlicher Holzstab, Schere (oder Laubsäge, feines Sandpapier), Säge, Wasserfarbe, matter Klarlack, Pinsel, Klebstoff

Alter: ab 6 (ab 8) Jahren

Die Lanze war die Waffe des römischen Soldaten, die als Distanzwaffe gebraucht wurde.

Die Lanzenspitze wird aus fester Pappe ausgeschnitten oder aus dünnem Sperrholz mit der Laubsäge ausgesägt und anschließend glattgeschmirgelt. Nach dem Bemalen mit Wasserfarbe und dem Trocknen der Farbe wird die Lanzenspitze mit Klarlack überzogen.

Mit der Säge wird in den Holzstab an einer Seite mit der Säge ein etwa 5 cm langer Schnitt gesägt (eine Arbeit, die bei jüngeren Kindern von einem Erwachsenen durchgeführt werden sollte). Dann kann die Speerspitze in den Schlitz eingesetzt und verklebt werden.

SCHILD (SCUTUM)

Material: feste Pappe (oder dünnes Sperrholz), Schere (Laubsäge, Schmirgelpapier, Bohrer), Bindfaden, Wasserfarbe, matter Klarlack, Pinsel

Alter: ab 6 Jahren

Der rechteckige Schild des Legionssoldaten schützte ihn vor Wurfgeschossen, Speeren und wohl auch vor den Schwertern der Gegner. Die Schilder waren bemalt und unterschieden sich in den einzelnen Kohorten farblich voneinander.

Zum Nachbau eines römischen Schildes (scutum) wird ein rechteckiges Stück Pappe an den Rändern mit der Schere abgerundet (beim Bau aus Sperrholz mit der Laubsäge und Schmirgelpapier). In den Pappschild werden mit der Schere (in den Sperrholzschild mit dem Bohrer) zwei Löcher gebohrt, durch die ein Bindfaden gezogen und verknotet wird, der als Griff dient. Der Schild kann mit Wasserfarben farbig gestaltet und nach dem Trocknen mit mattem Klarlack überzogen werden.

Tragestock (Furca)

Material: Zwei etwa besenstieldicke Stäbe (ca. 100 und 50 cm lang), Bindfaden, Schraube mit Mutter (Maschinenschraube)
Alter: ab 6 Jahren

Die gesamte Ausrüstung des Legionärs, zu der neben Kleidung und Waffen auch eine „eiserne Ration" für drei Tage gehörte, wurde an der furca, einem kreuzförmigen Tragestock auf dem Rücken transportiert.

Zum Bau der Furca werden die beiden Holzstäbe wie ein Kreuz aneinander gebunden. Eventuell wird die Verbindung noch mit einer Schraube mit Mutter gesichert.
An der Querstange kann ein Beutel befestigt werden, der die Gerätschaften des Legionärs aufnimmt (und sicherlich auch einen entsprechenden Proviant, der nicht unbedingt für drei Tage reichen muss).

Militär-Tunika

Material: altes, einfarbig rotes T-Shirt in Übergröße, Schere
Alter: ab 4 Jahren

Die römischen Soldaten trugen die Militärtunika knielang.

Eine Militärtunika ist schnell hergestellt: Es werden einfach die Ärmel des T-Shirts abgeschnitten und schon ist die Tunika fertig. Über der Tunika trugen die römischen Soldaten einen Gürtel.

GÜRTEL

Material: alter Gürtel, Bronzefarbe, Pinsel, Alu-, Silber- oder Goldfolie, Schere, Klebstoff
Alter: ab 4 Jahren

Zur Uniform des Legionärs gehörte auch der Gürtel. Er wurde nicht wie sonst üblich geknotet, sondern war mit einer Schnalle und Beschlägen versehen.

Zur Herstellung eines solchen Gürtels wird bei einem alten Gürtel die Schnalle mit Bronzefarbe bemalt. Anschließend werden kleine Folienstücke ausgeschnitten und auf den Gürtel geklebt.

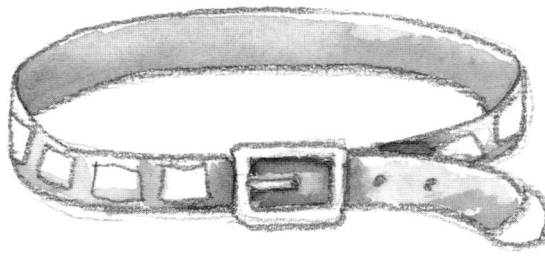

GEHEIME NACHRICHT

Material: -
Alter: ab 4 Jahren

Wichtige Nachrichten wurden im Stafettenlauf entlang des Limes weiterverbreitet.

Der erste Läufer erhält von der Spielleitung eine „Botschaft" ins Ohr geflüstert. Nachdem er eine Runde gelaufen hat, gibt er die „Botschaft" flüsternd an den zweiten Läufer weiter. Dies geht so lange, bis alle Läufer ihre Strecke zurückgelegt haben. Hat sich die Nachricht auf dem Weg verändert?

BRUSTPANZER

Material: Alufolie , Schere, Klebstoff, Pappe, Bindfaden
Alter: ab 6 Jahren

Vor Verletzungen im Kampf schützte den Legionär ein Brustpanzer aus Metall.

Vorder- und Rückenteil des Panzers werden gemäß der Zeichnung auf Pappe aufgezeichnet und ausgeschnitten und anschließend mit Alufolie beklebt. An den entsprechenden Stellen (vgl. Zeichnung) werden mit der Schere Löcher in den Panzer gebohrt. Beim Anlegen des Brustpanzers wird Bindfaden durch die Löcher gezogen und das Vorder- und das Rückenteil mit Schleifen zusammengebunden.

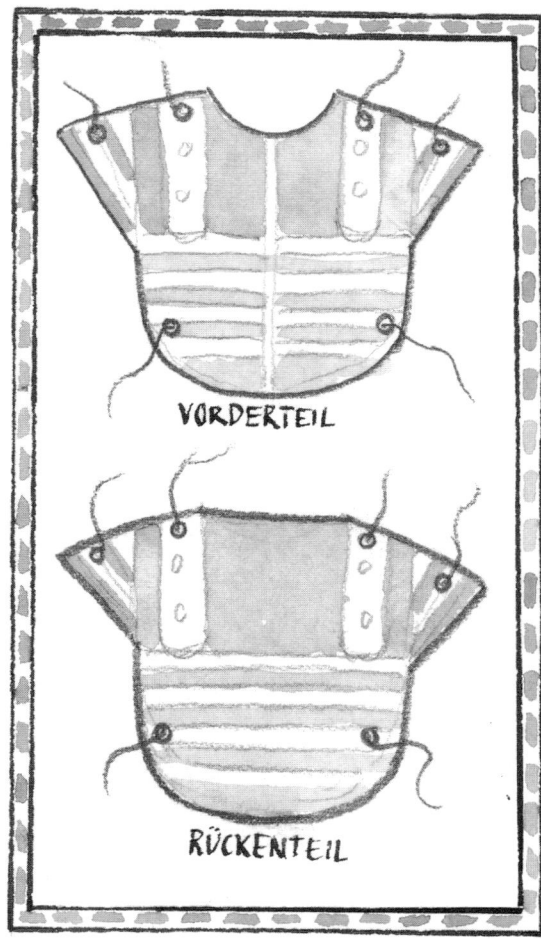

VORDERTEIL

RÜCKENTEIL

WÜRFELTURM

Material: Sperrholz (4mm dick etwa 30 x 10 cm), Sperrholz (10 mm dick etwa 6 x 15 cm), dünne Nägel, Leim, Säge (Laubsäge), kleiner Hammer, feines Sandpapier, Wasserfarbe, Pinsel
Alter: ab 8 Jahren

Die Freizeit der Soldaten gehörte vielfach dem Glücksspiel. Wenn mit Würfeln gespielt wurde, war es natürlich wichtig, dass der Würfel nicht manipuliert werden konnte. So, wie heutige Spieler einen Würfelbecher haben, spielten die römischen Legionäre mit Würfeltürmen, und ein Würfelturm wird sicherlich zur „inoffiziellen" Ausrüstung eines Legionärs gehört haben.

Mit der Laubsäge werden die Sperrholzbrettchen entsprechend den o.g. Maßen zugeschnitten (evtl. im Bastelgeschäft oder Baumarkt zuschneiden lassen). Die Schnittflächen werden mit Schmirgelpapier leicht geglättet.

Auf die Längsseiten der Rückwand wird etwas Leim gegeben (Zeichnung) und dann werden die beiden Seitenteile mit dünnen Nägelchen an der Rückwand befestigt. Anschließend wird auf die nach oben stehenden Schnittflächen der Seitenteile etwas Leim gegeben und die Vorderwand darauf genagelt. Mit Leim und Nägelchen wird jetzt die Grundplatte des Turmes befestigt. Anschließend werden die Sperrholzstückchen für die Treppe aufeinander geleimt. Nach dem Trocknen des Leims müssen die Seitenflächen der Treppe eventuell noch ein bisschen mit Sandpapier nachbearbeitet werden, damit die Treppe in den Turm passt und auf der Grundplatte fest geleimt werden kann.

Vielfach wird es nötig sein, den fertigen Würfelturm nach dem Trocknen des Leims noch einmal mit feinem Sandpapier zu bearbeiten, damit die Kanten glatt werden. Danach kann der Turm mit Wasserfarbe und Pinsel farbig gestaltet werden, bevor ein kleines Spielchen gewagt werden kann.

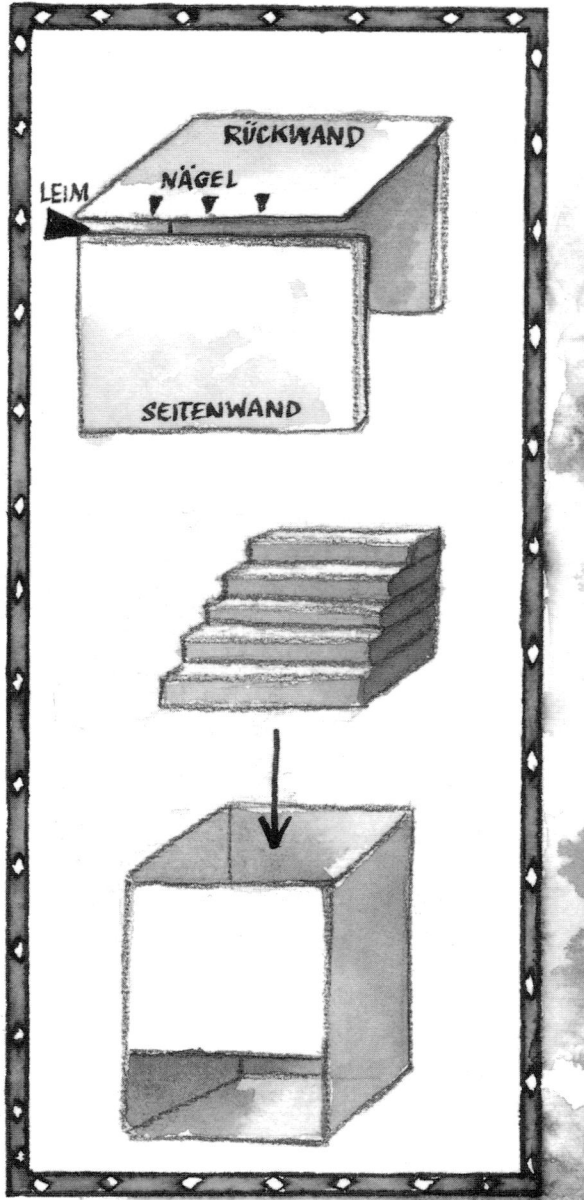

EINFACHER WÜRFELTURM

Material: kleiner hoher Pappkarton (z. B. Glühlampenkarton), Pappe, Schere, Wasserfarbe, Pinsel
Alter: ab 6 Jahren

Eine einfachere Variante des Würfelturms lässt sich aus einem hohen, kleinen Pappkarton, etwa einem Glühlampenkarton bauen.

An der Vorderseite wird etwa die Hälfte der Vorderwand ausgeschnitten und die Oberseite des Kartons entfernt. Aus Pappe wird ein Streifen (etwa so breit wie der Karton) zugeschnitten und zu einer Treppe gefaltet. Die Treppe wird jetzt in den Karton eingeklebt und der einfache Würfelturm ist fertig.

Schön farbig gestaltet tut er seinen Dienst genau so gut wie der Würfelturm aus Sperrholz, ist jedoch nicht ganz so stabil.

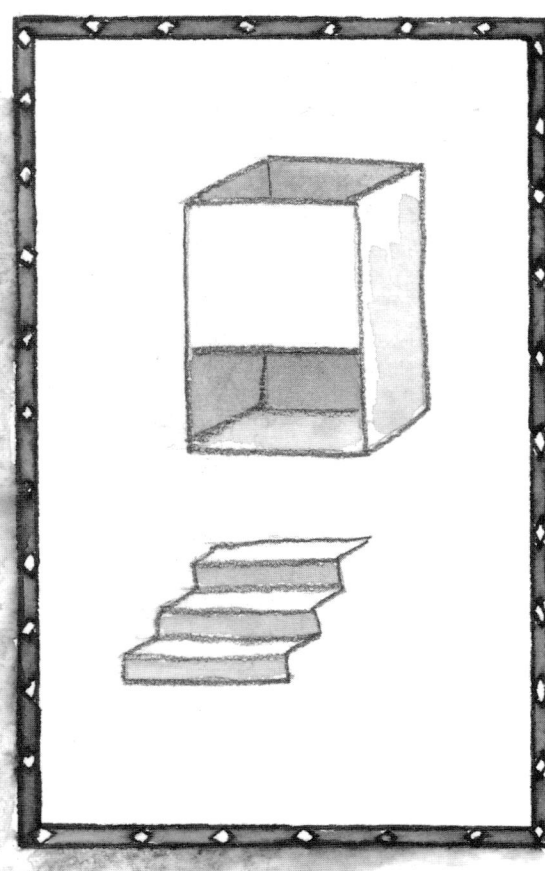

PANIS ET CIRCENSES
Die römische Freizeit

Ohne Zweifel war die römische Gesellschaft eine Freizeitgesellschaft, die besonderen Wert auf Vergnügen und Feste legte. Auf einen Arbeitstag folgte im Durchschnitt ein Feiertag, die Feiertage nahmen in Rom also die Hälfte des Jahres ein. Im so genannten „Goldenen Zeitalter" unter Kaiser Augustus war es fast für alle Römerinnen und Römer möglich, eine für sie geeignete Freizeitgestaltung zu finden, die auch für den kleinen Geldbeutel erschwinglich war.

Die römischen Kaiser wollten zur Zufriedenheit ihres Volkes für ausreichend Ernährung und Vergnügen sorgen und entwickelten ein anregendes Freizeitprogramm, das sich von Theateraufführungen bis zu vielfältigen sportlichen Wettkämpfen im Amphitheater und im Stadion erstreckte. Es gab mehrtägige Festspiele mit szenischen Darbietungen und Reitervorführungen aber auch die bekannten, grausamen Gladiatorenkämpfe, die sich meist über mehrere Monate hinzogen. Literarische und musikalische Wettbewerbe waren ebenso beliebt wie Ringkämpfe oder Angelwettbewerbe.

Im Circus Maximus fanden die berühmten Pferderennen statt, die die Krönung der beliebten römischen Spiele waren. Nach dem Vorbild des Circus Maximus sind viele ähnliche Wettkampfbahnen erbaut worden. Diese riesigen Arenen boten Sitzplätze für zum Teil über 150.000 Zuschauer.

Der Circus Maximus hatte eine Wettkampfbahn von 600 Metern Länge und 200 Metern Breite, um die herum in verschiedenen Rängen die Zuschauerplätze angeordnet waren. Dieser römische Großzirkus fasste 255.000 Besucher, die mit Spannung und sicherlich auch sehr lautstark die römischen Wagenlenker und ihre Rennpferde anfeuerten. Die Gegenwart des römischen Kaisers und seiner Familie gab diesen Wettkämpfen einen feierlichen Glanz, ebenso das schmuckvolle Geschirr der Pferde und der Wagen. Die Pferderennen erinnerten an akrobatische Vorführungen. Die Jockeys lenkten zwei Pferde gleichzeitig, sprangen von dem einen auf das andere Pferd oder knieten und lagen auf den galoppierenden Pferden. Die Wagenrennen wurden mit Zweier-, Dreier- und Vierergespannen vorgeführt. So mancher römische Reiter wurde zum Idol seines Publikums und erhielt am Ende des Wettkampfs einen hohen Geldpreis. Der Besuch eines Pferderennens im Circus Maximus war für die Römer ein besonderes gesellschaftliches Ereignis, bei dem sich allerlei interessante Bekanntschaften ergeben konnten und die neuesten Gerüchte ausgetauscht wurden.

Eine ähnliche Bedeutung hatten die zahlreichen Theateraufführungen. Die Theater waren zwar kleiner und hatten „nur" 20.000 bis 60.000 Sitzplätze, erscheinen uns im Vergleich zu unseren Theatern jedoch gigantisch. Das Programm war vielseitig und reichte von den Aufführungen der klassischen, griechischen Tragödie bis zu Dichterlesungen. Beliebt waren Komödien und Maskentheater, aber auch musikalische Vorführungen wie Opern, Ballettaufführungen und Sängerwettbewerbe unterschiedlichster Art und Qualität.

Wollten die Römer sich von ihren zahlreichen festlichen Anlässen erholen, besuchten sie die Thermen, wo sie Kraft schöpfen konnten und sich sportlich fit hielten. Die Thermen waren Reinigungsbäder und sportliche Übungsstätten, die eine schöne Umgebung boten, um der Körperpflege nachzugehen und sich zu entspannen. Nur sehr wohlhabende Römer hatten in ihren Häusern eigene Baderäume. Für alle anderen standen die öffentlichen Bäder zur Verfügung, die von reichen Kaufleuten errichtet worden waren und deren Nutzung für alle erschwinglich war. Zu diesen Badeanstalten gehörten unterschiedliche Dampfbäder, Schwimmbäder und Saunen, schöne Gärten und Spazierwege, Geschäfte, Gymnastikhallen und Sportplätze, aber auch Massageräume, Bibliotheken und Ruheräume. Römer und Römerinnen besuchten diese Thermen gern und häufig, aber zu verschiedenen Tageszeiten, weil ein Gesetz den gemeinsamen Besuch der Thermen untersagte. Trotzdem waren diese Badeanstalten ein gesellschaftlicher Mittelpunkt; sie sorgten für die Pflege und Gesundheit der römischen Bevölkerung und boten gleichzeitig kulturelle Anregung.

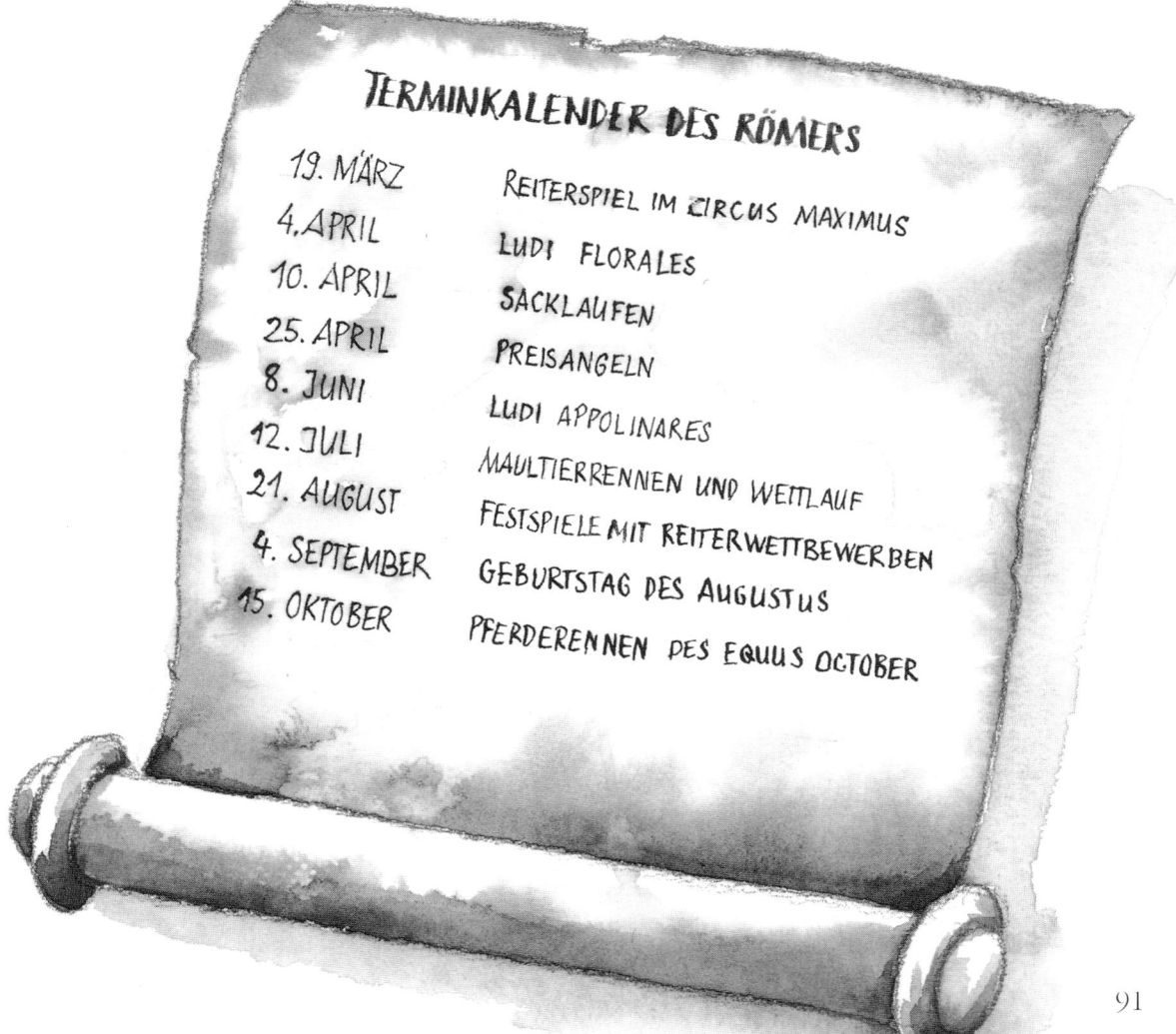

TERMINKALENDER DES RÖMERS

19. MÄRZ	REITERSPIEL IM CIRCUS MAXIMUS
4. APRIL	LUDI FLORALES
10. APRIL	SACKLAUFEN
25. APRIL	PREISANGELN
8. JUNI	LUDI APPOLINARES
12. JULI	MAULTIERRENNEN UND WEITLAUF
21. AUGUST	FESTSPIELE MIT REITERWETTBEWERBEN
4. SEPTEMBER	GEBURTSTAG DES AUGUSTUS
15. OKTOBER	PFERDERENNEN DES EQUUS OCTOBER

AUGUSTILLA VERIRRT SICH
IN DEN CARACALLA-THERMEN

Dieses Jahr durfte ich die Ferien bei meiner Tante Phyllis und meiner Kusine Secundina in Rom verbringen.

Eines Nachmittags, Tante Phyllis musste mal wieder zu ihrem Medicus, fragte sie uns: „Augustilla und Secundina, wollt ihr nicht mitkommen und die Zeit für einen Besuch in den Thermen nutzen?"
Secundina war sofort einverstanden und ich freute mich riesig. Die Thermen sind ein riesengroßes Hallenbad mit vielen verschiedenen Bäderabteilungen und gerade die Thermen in Rom sollen besonders schön sein. Ich hatte schon viel davon gehört.

Wir machten uns gemeinsam auf den Weg. Vor den Thermen trennten wir uns von Tante Phyllis.
Am Eingang begrüßte uns eine Frau und verlangte das Eintrittsgeld. Sie führte uns in einen Umkleideraum, wo wir unsere Sachen ablegen sollten, denn in den Thermen wird ganz nackt gebadet.

Als wir den ersten Baderaum betraten, blieb ich staunend stehen. Auf die Wände waren die buntesten Fische gemalt und der Fußboden bestand aus wunderschönen Bildern, die aus vielen kleinen bunten Steinchen zusammengesetzt waren.

„Lass uns zuerst in das 'Laubad' gehen", schlug Secundina vor. „Da ist das Wasser nicht so heiß."

Ach, wie herrlich es war, in dieses Becken zu tauchen. Ich plantschte und plantschte und ließ mich auch von den ärgerlichen Blicken einiger älterer Frauen nicht stören.

Plötzlich merkte ich, dass Secundina nicht mehr da war.
„Wahrscheinlich ist sie schon zu den heißen Quellen gegangen", dachte ich und machte mich auf die Suche nach ihr.
Im nächsten Raum war der Dampf so undurchdringlich, dass ich die Frauen und Mädchen im Bad kaum erkennen konnte. „Secundina!?", rief ich zur anderen Seite hinüber, denn ich sah dort schemenhaft ein Mädchen, das ihr ähnlich sah.
In Windeseile rannte ich rüber, rempelte dabei ein kleines Kind an, das vor lauter Schreck fast ins Wasser fiel. Zum Glück ist nichts passiert.
Als ich auf der anderen Seite ankam, zerplatzte meine Hoffnung Secundina erspäht zu haben wie eine Seifenblase im heißen Dampfbad. Ein völlig fremdes Gesicht musterte mich von oben bis unten und sah mich so mürrisch an, dass ich mich nicht mal traute, sie nach Secundina zu fragen.

Mir wurde ganz schön mulmig. Alleine würde ich den Rückweg zu dem

Haus meiner Tante Phyllis niemals finden, ja noch nicht mal an den Namen der Straße konnte ich mich erinnern!

Planlos irrte ich durch die verschiedenen Bäder, Massageräume und Ruheräume.

Verzweifelt hielt ich inne. Während ich so stand und überlegte, wo ich Secundina noch suchen könnte, beobachtete ich zwei Mädchen dabei, wie die eine mit einem Körperschaber der anderen den Schmutz vom Rücken schabte.

Ich nahm meinen ganzen Mut zusammen und ging auf sie zu. „Entschuldigung", stammelte ich, „ich habe mich hier verirrt, ich suche meine Kusine Secundina."

Die beiden lächelten sehr nett und unterbrachen ihre Reinigungsprozedur. „Oh", sagte die eine mit den blonden, halblangen Haaren, „das ist aber eine schwierige Sache. Beschreib uns erst einmal deine Kusine, damit wir dir bei der Suche helfen können. Wie sieht Secundina denn aus?" - „Tja, sie hat schwarze Haare und sonst sieht sie aus, wie ein ganz normales dreizehnjähriges Mädchen", antwortete ich langsam, denn viel mehr fiel mir zu Secundinas Aussehen nicht ein, zumal sie ja auch keine Kleider trug.

Das Mädchen mit dem braunen Pferdeschwanz machte einen Vorschlag: „Komm, wir gehen noch einmal gemeinsam durch alle Räume dieser Thermen, zu dritt werden wir deine Kusine bestimmt finden."

Erleichtert schloss ich mich den beiden an.

„Zum Glück muss ich jetzt nicht mehr alleine hier herumirren", freute ich mich, „und dass ihr mir helfen wollt, ist richtig nett von euch."

Wir liefen durch einige Bäderhallen bis wir zu guter Letzt wieder im Laubad landeten. Dort stand doch tatsächlich meine Kusine und musterte angestrengt die Badenden.

Als sie uns sah, rief sie ärgerlich: „Da bist du ja wieder! Wo warst du denn die ganze Zeit, Augustilla?". „Ich habe dich überall gesucht, Secundina, und dabei habe ich mich verlaufen", verteidigte ich mich.

„Du Dummerchen, warum bist du denn nicht hier geblieben, wie ich es dir zugerufen habe? Ich bin doch nur kurz zu den Latrinen gegangen, weil ich mal musste."

Ich war so aufgeregt, dass ich immer noch ein bisschen stotterte. „Das habe ich bei meiner wilden Taucherei gar nicht mitbekommen! Aber jetzt stelle ich dir erstmal diese beiden Mädchen vor, die mir so lieb geholfen haben. Ach ja, wie heißt ihr denn überhaupt?"

RÖMISCHE PANTOMIME: FAMILIENSZENEN

Material: -
Alter: ab 6 Jahren

Die in der römischen Kaiserzeit sehr beliebten Pantomimen führten traurige und komische Szenen auf. Sie schlossen sich zu Gruppen zusammen, denen im Gegensatz zum übrigen Theater auch Frauen angehörten.

Mit einer Pantomime lassen sich lustige und traurige Familienszenen darstellen, die von den MitspielerInnen erraten werden müssen.
Mögliche Themen:

○ eine Hochzeit,
○ ein römisches Festmahl,
○ ein verliebtes Paar geht auf ein römisches Fest,
○ ein strenger römischer Vater lehrt Tischmanieren.

Nachdem die DarstellerInnen sich auf ein Thema geeinigt haben, führen sie die Szene (ohne Worte) vor.

TIERPANTOMIME

Material: -
Alter: ab 4 Jahren

In römischen Theaterstücken spielten häufig auch Tiere eine Rolle. Die Römer kannten Tiere als Nutztiere und als wild lebende Tiere in ihren Wäldern und in der sonstigen Natur.

Mit Pantomimenspiel lassen sich Tiere nachahmen. Wichtig ist dabei, die richtige Körperhaltung des Tieres zu erkennen, den Gesichtsausdruck zu treffen und die geeignete Gangart des zu erratenden Tieres zu finden.

Auch bei diesem Pantomimenspiel dürfen die DarstellerInnen die Laute des Tieres nicht nachahmen: bei einer Pantomime wird nie gesprochen.

Besonders interessant wird das Spiel, wenn vorher über die römischen Gewohnheiten nachgedacht wird, die in Verbindung mit Tieren stehen, zum Beispiel das Fahren mit einer Kutsche, das Angeln von Fischen, die Haltung von Hühnern. Ein wahlloses Nachstellen von Tieren, die in der römischen Geschichte gänzlich unbekannt waren, kann dadurch vermieden werden.

PFERDERENNEN

Material: Pferdeleine, Tonpapier, bunte Federn, Buntstifte, Schere, Hefter
Alter: ab 4 Jahren

Neben den berühmten Wagenrennen gab es im alten Rom auch Pferderennen.

In vielen Kindergärten und Grundschulen ist das Spiel mit den so genannten „Pferdeleinen" schon lange bekannt und beliebt. Daraus lässt sich einfach eine „römische" Variante entwickeln:
An dem Brustriemen der Pferdeleine wird eine besonders schön gestaltete Startnummer befestigt: Zunächst wird aus buntem Tonpapier eine runde Scheibe von etwa 10 cm Durchmesser ausgeschnitten, die am Rand rundherum mit kleinen bunten Federn beklebt wird. In der Mitte wird mit römischen Zahlen die Startnummer des jeweiligen Pferdes aufgemalt.

Besonders wirkungsvoll ist ein Kopf-schmuck für das römische Rennpferd: ein ca. 3 cm breiter Tonpapierstreifen wird als Stirnband um den Kopf gelegt und passend zusammengeheftet. Das Stirnband kann farbig gestaltet und mit Federn beklebt werden.

Immer zwei Spieler schließen sich als Paar zusammen und einigen sich, wer das Pferd und wer Reiter spielen will. Bevor das Pferderennen beginnt, werden die Pferde geschmückt (der Kopfschmuck aufgesetzt) und die die Startnummern vergeben

(am Brustriemen der Pferdeleine fest genäht oder fest geheftet).

Die Champions stellen sich mit ihren Pferden in einer Reihe auf und gehen nach einer feurigen Ansage der Rennleitung, bei der auch die Pferde mit Namen vorgestellt werden, an den Start.

Das Paar, welches als Erstes das Ziel erreicht, gewinnt. Eine Ehrenrunde und die feierliche Siegerehrung dürfen als Abschluss nicht fehlen.

Natürlich können vor dem Rennen auch Pferdewetten abgeschlossen werden!

SPIELMASKEN

Material: Gipsbinden 6-10 cm breit (aus der Apotheke), Schere, Hautcreme, Stirnband, Schüssel mit warmem Wasser, Papiertaschentücher, Hutgummi, Wasserfarben, Federn, Wolle
Alter: ab 4 Jahren

Die antike Maske bestand zunächst aus leicht verderblichen Stoffen und wurde erst zu späterer Zeit aus festem Material hergestellt. Sie machte ihre Träger als Typen erkennbar und entwickelte sich als Theatersymbol über Jahrhunderte. Wesentliche Figuren im Theaterstück trugen ernste oder lachende Masken, die dem Publikum die Hauptfiguren schnell ins Gedächtnis riefen. Die römischen Theaterstücke waren meistens sehr gefühlsbetont, lustig oder tragisch.

Zunächst werden die Haare mit einem Stirnband fest aus dem Gesicht gebunden und das Gesicht wird gut mit Creme eingefettet. Augenbrauen und Haaransatz sollten zusätzlich mit zugeschnittenen, schmalen Streifen von Papiertaschentüchern bedeckt werden.

Dann werden die Gipsbinden (ca. 2 cm breit zugeschnitten) in warmes Wasser gelegt und in mehreren Lagen auf das Gesicht gelegt. Natürlich werden Nasenlöcher, Augen und der Mund ausgespart.

Wenn die Maske nach ca. 20 Minuten angetrocknet ist, kann sie vorsichtig abgenommen werden. Danach werden die Ränder mit einer Schere gerade geschnitten und mit zusätzlichen Gipsstreifen verstärkt.

Nach dem Trocknen kann die Maske mit Wasserfarben bemalt und mit Federn, Wolle oder anderen Materialien verziert werden. Vorher muss auf beiden Seiten der Maske ein Stück Hutgummi durchgezogen und verknotet werden.

MASKENSPIEL

Material: Selbsthergestellte Spielmasken
Alter: ab 4 Jahren

Mit den vorstehend beschriebenen Masken lässt sich hervorragend ein kleines Maskenspiel einstudieren und vorführen.

Selbstverständlich können sich die SpielerInnen beim Maskenspiel ihre Theaterstücke selbst ausdenken.
Gruppen von zwei bis vier DarstellerInnen einigen sich über das Thema, verteilen die Rollen und üben das Stück ein.
Mögliche Themen sind:
- Ein Held besiegt den gefährlichen Löwen,
- eine Geliebte trauert, weil ihr Geliebter in ferne Länder zieht,
- eine Dienerin lässt ständig Geschirr hinfallen und ihre Herrin ist ärgerlich darüber,
- ein römischer Angeber wird von einem anderen des Lügens überführt usw.

SCHLANGENBESCHWÖRUNG

Material: -
Alter: ab 4 Jahren

Beim „Schlangenbeschwören" stehen sich zwei SpielerInnen gegenüber, der Schlangenbeschwörer und die Schlange. Der Schlangenbeschwörer denkt sich eine Folge verschiedener Hand- und Körperbewegungen aus, die er der Schlange vormacht und von ihr genau nachgeahmt werden müssen.
Bei einem Fehler werden die Rollen getauscht.

WETTANGELN

Material: feste Pappe, Wasserfarbe/Buntpapier, Metallbüroklammern, blau bemalter Pappkarton; pro SpielerIn ca. 50 cm langer dünner Rundstab, Schnur, Magnet
Alter: ab 8 Jahren: Spiel ab 4 Jahren

Alljährlich fand in Rom am 8. Juni das traditionelle Preisangeln statt. So ein Wettangeln kann leicht selber veranstaltet werden.

Aus festem Karton müssen zunächst die Fische gestaltet werden, indem die vorgezeichnete Form ausgeschnitten und bemalt bzw. mit Buntpapier verziert wird.
An jedem Fisch wird vorne am Maul eine Metallbüroklammer befestigt. Ein Karton wird mit blauer Farbe bemalt und dient als Angelbecken. Dann fehlen noch die Angelruten, die ebenfalls leicht herzustellen sind: An den Rundstäben wird ein Stück Schnur befestigt, an dem unten ein Magnet angebracht ist.
Hinweis: Für kleinere Kinder sollten die Angelruten und die Fische so weit vorbereitet werden, dass die Kinder die Fische nur noch bemalen und gestalten müssen.

Sind alle Vorbereitungen getroffen, können auch ganz junge SpielerInnen am großen Preisangeln teilnehmen. Wer die meisten Fische angelt, hat gewonnen und erhält einen Preis.

Als **Variante** bietet sich noch an, den Fischen ein römisches Gewicht auf den Körper zu schreiben. 1 libra = 329 g. Gewonnen hat dann das Preisangeln, wer die schwersten Fische geangelt hat.

RÖMISCHES FEST

Um das zweite Jahrhundert nach Christi hatte die Stadt Rom rund 1,2 Millionen Einwohner. Die vielen Menschen bewohnten zahlreiche Häuser, nutzten aber auch gerne die vielen öffentlichen Gebäude, Basiliken, Thermen und Theater.

Zur Stadt Rom gehörten ungefähr 40 Parks und Gärten, die sich entlang den Ufern des Tibers befanden.

Verwirrend zogen sich die engen Gassen durch die Stadt. Bürgersteige und gepflasterte Straßen gab es nicht sehr häufig.

Tagsüber ging es in der Stadt sehr lebhaft zu. Es herrschte hektisches Treiben und höllischer Lärm. Barbiere rasierten ihre Kunden mitten auf der Straße und Garköche boten ihre Speisen lautstark an.

Das Stadtleben erinnerte an einen turbulenten orientalischen Basar.

In ihrer Freizeit besuchten viele Römerinnen und Römer die Stadt, um spazieren zu gehen und sich im bunten Treiben der Stadt zu tummeln. Unter den Passanten waren die interessantesten Typen zu beobachten: Menschen unterschiedlichster Nationalitäten und Gesellschaftsschichten und die vielen Kleinkünstler, die ihre Zaubertricks und ihre Jonglierkünste unter Beweis stellten.

Ebenso waren Kunstausstellungen mit schönen römischen Fresken zu bewundern. Statuen und Freiplastiken waren in „Lustwäldchen" ausgestellt, die den Besuchern nicht nur etwas Schatten in der nachmittäglichen römischen Hitze, sondern auch noch kulturellen Genuss boten.

So ein Stadtbummel wirkte wie ein großes, buntes Straßenfest, bei dem sich viele Bekannte trafen und den neuesten Tratsch austauschten, auf dem aber auch viel gespielt wurde.

Nicht nur Taschenspieler zeigten ihre Kunststücke, ohne ihre Tricks jemals zu verraten, auch die Römer selbst konnten ihrer Spielleidenschaft frönen: besonders beliebt war das Fingerraten, bei dem zwei Spieler ihr Schätzungsvermögen unter Beweis stellen konnten.

Viele Straßenmusikanten waren unterwegs, die mit Gesang und Instrumenten das Publikum auf unterschiedlichste Weise unterhielten und sich über Applaus und ein paar Münzen freuten.

Verkaufsausstellungen, bei denen die Händler ihre Waren laut anpriesen, lockten viele Besucher an. Dort konnten Römerin und Römer in Ruhe die unterschiedlichsten Dinge betrachten und ihre Käufe abwägen. Sogar das Handeln und Feilschen um die Preise lief dort mit Muße ab.

Kleine Leckereien aus aller Welt wurden an jeder Ecke angeboten und sorgten für das leibliche Wohl!

Felix und Julia planen ein römisches Fest

*Julia und Felix gehen gemeinsam in den Kindergarten. Morgens beim Früh-
stück erzählt ihnen die Mutter, dass gestern auf dem Elternabend beschlos-
sen worden ist, dieses Jahr ein „Römerfest" im Kindergarten zu feiern. Ein
Römerfest deshalb, weil die Römer früher einmal in ihrer Stadt gelebt haben.
Alle Eltern und Kinder seien aufgefordert, Ideen für das Römerfest zu sammeln damit im nächsten Monat die Planung beginnen könne.*

*„Das ist aber schwierig!", sagen Julia und Felix fast wie aus einem Mund.
„Woher sollen wir denn wissen, wie die Römer vor so langer Zeit ein Fest gefeiert haben?" „Wir könnten ja Pizza Romana backen," schlägt Felix vor. „Ja,
das ist eine gute Idee," sagt der Vater, „auch wenn die alten Römer sicherlich noch keine Pizza kannten."*

*Draußen regnet es. Julia, Felix und ihre Eltern bleiben deshalb diesen Sams-
tag zu Hause. Sie verbringen den Tag damit, alles zusammenzutragen, was
sie über die Römer finden können. In Büchern schlagen die Eltern nach, wie
die Römer Feste gefeiert haben könnten. Felix und Julia betrachten die vielen spannenden Bilder über die alten Römer.*
*Plötzlich hat der Vater eine Idee. „Schaut mal, auf diesem Bild wird ein ganz
reicher Römer auf einer Sänfte durch die Straßen getragen!" - „Sicherlich
war der zu faul, auf einem solchen Fest zu laufen!", stellt Julia mit einem
Grinsen fest. „Die armen Menschen, die diesen Römer tragen mussten!", be-
dauert Felix die Männer, die auf dem Bild abgebildet sind. „Aber was hat
denn das ganze mit unserem Kindergartenfest zu tun?", will die Mutter wissen.*

*„Ganz bequeme Römer ließen sich auf solchen Festen in Sänften oder auf
Maultieren, die etwa so aussehen wie Esel, herumtragen. Weil Esel aber be-
kanntlich sehr störrisch sein können, mache ich den Vorschlag, eine römische Sänfte zu bauen und alle Kinder, die sich einmal wie reiche Römer
fühlen wollen, über das ganze Fest zu tragen!", erzählt der Vater. „Das ist
eine tolle Idee, wird aber ganz schön anstrengend werden!", gibt die Mutter
zu bedenken. „Ach, es finden sich bestimmt einige Sänftenträger und wir
können uns abwechseln."*

*Julia und Felix sind begeistert und freuen sich schon auf Montag. Sie kön-
nen es gar nicht abwarten, den anderen im Kindergarten von ihrer Sänfte
zu berichten. „Wir helfen dir auch, so eine Sänfte zu bauen!", rufen beide
aufgeregt.*

Die folgenden Spielideen für die Gestaltung eines römischen Festes können durch Spielvorschläge aus diesem Buch ergänzt werden.

Eine römische Modenschau, für die vorbereitend die Herstellung römischer Kleidung erforderlich ist, gibt dem römischen Fest erst das richtige Flair (vgl. Kapitel „Toga et Tunika"). Ebenso denkbar ist das Archäologenspiel (vgl. Kapitel „Auf den Spuren der alten Römer"), sowie die Herstellung und das Spielen einfacher römischer Kinderspiele (vgl. Kapitel „De Ludibus") und die Einbeziehung zahlreicher Bewegungs- und Laufspiele aus allen vorgestellten Kapiteln. Ein römisches Theaterstück, vorher geprobt und mit den geeigneten Requisiten versehen, bildet ganz bestimmt einen Höhepunkt für ein gelungenes römisches Fest (vgl. Kapitel „Panis et circenses). Im Folgenden findet sich eine Auswahl zusätzlicher Spielvorschläge für die Durchführung eines römischen Festes.

SÄNFTE

Material: zwei dicke Besen- oder Schaufelstiele, Bindfaden, Stuhl
Alter: ab 4 Jahren (mit Hilfe)

Der Transport auf diesem römischen Tragestuhl ist sicher einer der Höhepunkte eines römischen Festes.

Die beiden Besenstiele werden so von vorne nach hinten unter dem Stuhl durchgesteckt, dass sie jeweils unter der Sitzfläche an den Beinen liegen. Dort werden sie mit Bindfaden am Stuhl festgebunden. Ein Kind setzt sich auf den Stuhl und wird nun von zwei größeren Kindern (oder zwei Erwachsenen) würdig umher getragen. Die übrigen Kinder können ein Spalier bilden und dem römischen Würdenträger auf seinem Tragestuhl zuwinken, bis sie selbst an die Reihe kommen.

TRIUMPHZUG

Material: evtl. römische Kleidung, feierliche Hintergrundmusik
Alter: ab 4 Jahren

Kam ein siegreicher Feldherr in die Stadt Rom zurück, so präsentierte er sich dem römischen Volk in einem Triumphzug.

Die SpielerInnen stellen sich paarweise gegenüber auf, wobei darauf zu achten ist, dass sich Paare mit ungefähr gleicher Körpergröße bilden.

Die Paare nehmen sich an den Händen und heben die Arme hoch, so dass ein Triumphbogen entsteht. Das erste Paar versucht jetzt möglichst elegant und feierlich durch den Triumphbogen zu schreiten und stellt sich dann am anderen Ende des Triumphbogens wieder auf. Danach folgt das nächste Paar usw. Der Triumphzug wirkt besonders feierlich, wenn die TeilnehmerInnen römische Kleidung tragen und eine feierliche Hintergrundmusik den Zug untermalt.

WAGENRENNEN MIT PEDALOS

Material: Pedalos oder Dreirad, Pferdeleinen mit römischem Schmuck
Alter: ab 4 Jahren

In vielen Einrichtungen gibt es „Pedalos", die auch für ein römisches Wagenrennen gut eingesetzt werden können. Geübte PedalofahrerInnen können einen so genannten Zweispänner wagen. Nicht geübte PedalofahrerInnen fahren als Vierspänner, was ebenso Freude macht. Ein Kind trägt die römisch geschmückte Pferdeleine und tritt das Pedalo, ein Kind geht hinterher und hält die Pferdeleine. Beim Vierspänner gehen zwei weitere Kinder jeweils an einer Seite des Pedalofahrers mit und halten ihn an der Hand. Die ganz Kleinen nehmen statt der Pedalos einfach das Dreirad.

JONGLIEREN MIT SELBST-GENÄHTEN BÄLLEN

Material: kleine Bälle, die mit Federn oder Wollresten gefüllt sind.
Alter: ab 4 Jahren

Bei einem römischen Fest sind sicherlich Erwachsene oder ältere Kinder dabei, die Erfahrung mit dem Jonglieren haben und bereit sind ihre Künste vorzuführen und den Ungeübten zu zeigen.
Die Stoffbälle können dafür von den Kindern mit Hilfestellung selber hergestellt werden.
Nach einer Vorführung werden die Bälle an die großen und kleinen ZuschauerInnen verteilt, die zunächst das Jonglieren mit zwei Bällen üben und dann das Jonglieren mit drei Bällen ausprobieren können.

RÖMISCHE
KUNSTAUSSTELLUNG

Material: Tapetenkleister, Zeitungspapier, evtl. Pappröhren, weiße Dispersionsfarbe, Pinsel, Gips, Leinentuch
Alter: ab 8 Jahren

Auf dem Fest darf eine Kunstausstellung, hier mit Römischen Statuen, nicht fehlen.

Zunächst wird für den Rumpf einer ca. 30 cm großen Statue aus Zeitung ein Knäuel geformt. Die Kugel wird mit angerührtem Tapetenkleister und kleinen Zeitungspapierstückchen überzogen und dabei ein kompakter Rumpf für die Statue ausgeformt.

Der Kopf der Statue wird aus einer kleineren Kugel gefertigt, an den Rumpf angesetzt und solange mit Kleister und Zeitungspapierstückchen überzogen bis er fest mit dem Rumpf verbunden ist.

Als Arme und Beine können Pappröhren (Toilettenpapierrollen) dienen. Diese werden an den Körper angesetzt und wie oben beschrieben mit Zeitungspapier und Kleister verbunden.

Das Gesicht der Statue kann wahlweise direkt angedeutet - Nase, Mund, Ohren und Augenhöhlen aus Zeitungspapier und Kleister aufformen - oder später nach dem Durchtrocknen aufgemalt werden.

Hat der gestaltete Körper eine einheitliche, glatte Oberfläche, muss er eine Woche lang gut durchtrocknen.

Nach dem Trocknen kann die Statue eingekleidet werden. Der Körper wird mit weißer Dispersionsfarbe angestrichen, der Statue ein mit dünn angerührtem Gips getränktes Leinentuch als Toga umgelegt und wieder getrocknet. Abschließend wird das Gesicht bemalt und die getrocknete Gipstoga farbig gestaltet.

Hinweis: Soll die Höhe der römischen Statue 30 cm übersteigen, wird zur notwendigen Stabilität eine Holz- oder Drahtkonstruktion als Unterbau benötigt.

STATUENSPIEL

Material: evtl. Betttücher oder Stoffbahnen, evtl. Fotos römischer Statuen
Alter: ab 4 Jahren

Römerinnen und Römer besuchten gerne Ausstellungen, die römische Statuen zeigten.

Vor Beginn des Spiels sehen sich die SpielerInnen einige Fotos römischer Standbilder an.
Einige SpielerInnen suchen sich geeignete Plätze und stellen sich wie römische Statuen in Positur. Die anderen SpielerInnen versuchen die Statuen zum Lachen zu bringen, allerdings ist das Berühren der Statuen, wie in den meisten Ausstellungen, verboten!
Gelingt es einem Betrachter, eine Statue „aus der Rolle fallen" zu lassen, wechseln die beiden die Rollen.

Hinweis: Haben die DarstellerInnen Betttücher oder Stoffe zur Verfügung, können sie sich mit einer römischen Toga einkleiden - dann wirkt das Spiel besonders echt.

RÖMISCHE KÄSEWÜRFEL

Material: fester Käse, Weintrauben, Zahnstocher
Alter: ab 4 Jahren

Auch die Römer verstanden es schon, aus Milch Käse herzustellen.

Käsewürfel für unser römisches Fest werden am besten aus festem Käse verschiedener Sorten geschnitten. Auf dem Käsewürfel wird dann mit einem Zahnstocher eine Weintraube befestigt - und fertig ist der römische Käsewürfel.

RÖMISCHE PIZZAHAPPEN

Material: Pizzateig, geriebener Käse, Zutaten zum belegen, Pizzagewürz, Öl
Alter: ab 4 Jahren

Ob die Pizza, das italienische Nationalgericht, bei den Römern bereits bekannt war, berichten die Geschichtsschreiber nicht. Da wir aber wissen, wie gerne Kinder „Pizza romana" essen, nehmen wir hier einmal zugunsten der Kinder an, dass die Geschichtsschreiber nur vergessen haben, über die Pizza zu berichten.

Aus dem ausgerollten fertigen Pizzateig (je nach Wahl Quark-Öl-Teig, Hefeteig oder Backmischung) werden runde Teigstücke von etwa 5 cm Durchmesser ausgestanzt. (Hilfreich zum Stanzen kann eine umgedrehte Tasse sein.)
Danach werden die Teigstücke mit Öl und einer Pizza-Gewürzmischung bestrichen und nach Belieben mit Tomaten, Salami, Ananas, Schinken, Paprika etc. belegt. Zum Schluss wird geriebener Käse aufgestreut.

Die römischen Pizzahappen müssen ca. 30 Minuten (abhängig vom Teig) im Backofen verbleiben, bis sie gegessen werden können.

KINDERBOWLE

Material: pro Glas 1 ungespritzte Zitrone, 1 Esslöffel klarer Honig, 1 Esslöffel Zucker, 250 ml kochendes Wasser, Sieb
Alter: ab 4 Jahren

Als nicht ganz altrömisches, aber sehr erfrischendes Getränk für das römische Fest eignet sich diese Kinderbowle.

Zuerst wird die Zitronenschale in ganz feine Streifen geschnitten und mit Zucker und Honig vermischt. Das ganze wird mit kochendem Wasser übergossen und stehen gelassen, bis der Sud abgekühlt ist. Danach wird die abgeschälte Zitrone ausgepresst und zum Sud dazugegeben. Zum Schluss wird alles durch ein Sieb gegeben und dann in ein Glas gefüllt.

ZAHLENZAUBER

Material: vier Würfel, Papier, Stift, kleines Tischchen
Alter: ab 8 Jahren

Auf den römischen Straßenfesten gaben Zauberer gern kleine Vorstellungen, um ihr römisches Publikum in Erstaunen zu versetzen und sich ein paar Münzen zu verdienen.

Der Zauberer bittet einen Zuschauer zu sich, zeigt ihm vier Würfel und lässt sich und den anderen bestätigen, dass es sich

um ganz gewöhnliche Würfel handelt. Er bittet seinen neuen Assistenten aus den vier Würfeln auf seinem kleinen Tischchen einen Turm zu bauen. Der Zauberer wettet nun, dass er ohne hinzusehen weiß, wie groß die Summe aller unsichtbaren Würfelaugen ist. Damit der Assistent die Würfelaugen zusammenzählen kann, die sich auf den Unter- und Oberseiten der Würfel befinden, dreht der Zauberer sich um und schreibt die richtige Zahl (natürlich möglichst als römische Ziffer!) auf ein Blatt Papier.

Wie gelingt dem Zauberer der Trick?
Die Augenzahl von zwei gegenüberliegenden Zahlen eines Würfels ergibt immer 7, bei vier Würfeln also 28. Bevor der Zauberer sich umdreht und den Assistenten rechnen lässt, merkt er sich die oberste Zahl des Würfelturmes und zieht sie dann von 28 ab. So einfach ist dieser kleine Zaubertrick.

FINGERRATEN

Material: -
Alter: ab 6 Jahren

Sehr beliebt war die „micatio", das Fingerraten oder auch Morraspiel genannt. Der berühmte Philosoph Cicero beschrieb die „Ehrbarkeit eines Menschen" mit dem Sprichwort: „Mit ihm könnte man im Dunkeln Morra spielen." Und so wird das Fingerraten gespielt:

Zwei Spieler heben gleichzeitig einige Finger der rechten Hand und rufen dabei laut eine Zahl zwischen 1 und 5. Sie tippen damit die Zahl der Finger, die der andere hochgehoben hat. Gewonnen hat der Spieler, der richtig geraten hat. Das Spiel kann in beliebig vielen Runden wiederholt werden.

Das Alltagsleben der Römer als Projekt im Kindergarten

Wie wir bereits im ersten Kapitel beschrieben haben, eignet sich besonders das römische Alltagsleben als Thema für Kinder ab dem Vorschulalter.

Kinder im Kindergartenalter entwickeln häufig erstaunliches Sachinteresse, das über geeignete Anregungen in hohem Maße gefördert werden kann. Wir kennen alle die jungen ExpertInnen, die sich in der Welt der Dinosaurier im Detail auskennen und gierig jede neue Information speichern. Ebenso kann das Interesse für geschichtliche Themen bei Kindern geweckt werden, da sie anderen Lebenswelten Neugierde und Aufgeschlossenheit entgegenbringen.

Bei einem Aufenthalt in Passau besuchten wir vor Jahren mit unserer damals vierjährigen Tochter eine kleine Ausstellung zur römischen Geschichte. Unsere Tochter war fasziniert von den altrömischen Haushaltsgegenständen und löcherte uns an den folgenden Tagen förmlich mit Fragen über die Gewohnheiten der Römer. Kindgerechter und lebensnäher erleben Kinder allerdings die Einführung in die römische Geschichte, wenn sie durch handlungsorientierte Angebote bereichert wird. Zahlreiche Museen bieten museumspädagogisch betreute Möglichkeiten ab dem Vorschulalter an, bei denen Kinder Gegenstände aus der römischen Zeit selber gestalten können und durch den praktischen Umgang ihre Vorstellung über die Nutzung der Gegenstände erweitern.

In ähnlicher Weise lässt sich das Römerleben aber auch direkt im Kindergarten nachspielen. Als längerfristiges Projekt bietet es den Vorteil, dass die Thematik mit allen Sinnen erfasst und in vielfältiger Weise nachgespielt werden kann. Der Entwicklungsstand der Kinder kann bei so einem Projekt im Kindergarten stärker berücksichtigt werden und die Spielideen dieses Buches können individuell auf die Gruppe zugeschnitten werden.

Die Möglichkeit das Römerprojekt im Kindergarten über einen längeren Zeitraum laufen zu lassen, hilft die Interessen der Kinder zu berücksichtigen, indem Planungen flexibel verändert und erweitert werden können. Das römische Alltagsleben lässt sich mit den selbst gestalteten Gegenständen, die in den Spielvorschlägen beschrieben sind, gut nachspielen - Rollenspiele entwickeln sich dabei wie von selbst. Andere Spielideen ergänzen die Formen des freien Spieles noch zusätzlich und geben Anregungen für das psychomotorische Lernen.

Die römische Geschichte besteht allerdings nicht nur aus dem Alltagsleben, sondern wie im ersten Kapitel beschrieben auch aus weniger „friedlichen" Aspekten wie zum Beispiel die bedeutende Rolle des Militärs und der Kriege, die grausamen Gladiatorenkämpfe und die Sklaverei. Wir haben auf die spielerische Umsetzung dieser Bereiche weitgehend verzichtet, weil sie nicht kindgemäß ist und ein Geschichtsbild prägen könnte, das sich über die Faszination von Gewalt entwickeln würde. Viel zu häufig erleben wir im pädagogischen Bereich Kinder, die regelrecht als "fernsehgeschädigt" bezeichnet werden können und denen wir nicht noch Gewalt im Kindergarten vermitteln wollen. Eine Ausnahme bildet das Kapitel Militär, das von den ErzieherInnen im Kindergarten einbezogen werden kann, wenn sie es für die jeweilige Gruppe als sinnvoll erachten. Kinder finden die Ausrüstungsgegenstände der Soldaten häufig sehr spannend. Die Problematisierung des Zusammenwachsens von Kulturen und der Vorgehensweise der römischen Angriffskriege eignet sich allerdings eher für Kinder im Schulalter.

Umso stärker sollte für Vorschulkinder der spielerische Charakter des Römerlebens betont werden. Ein Betttuch als Toga umgeworfen lässt Kinder zu schreitenden Römern werden, das Schlafenspielen auf einem römischen Strohsackbett vermittelt ein ganz besonderes Schlafgefühl, das Zubereiten einfacher Speisen macht in der Gruppe viel Spaß und ein römisches Festmahl lässt sich mit Kindern im Vorschulalter gut durchführen. Aus dem selbstgetöpferten Trinkbecher schmeckt der selbstgepresste Traubensaft besonders gut. Die interessanten römischen Kinderspiele und die in allen Kapiteln angegebenen Laufspiele bieten Spielvorschläge für kleinere und größere Gruppen im Kindergarten. Die Pantomimespiele fördern die Fantasie und das Schauspieltalent der Vorschulkinder. Das beliebte Spiel mit den Pferdelei-

nen kann zu einem römischen Pferderennen abgewandelt werden. Das römische Fest sollte mit Eltern gemeinsam im Kindergarten gefeiert werden, wobei es beliebig erweiterbar ist durch Spielideen, die in anderen Kapiteln zu finden sind.

Wenn ein ortsnahes Museum zur Verfügung steht, kann ein Museumsbesuch in das Römerprojekt eingebunden werden. Durch einen Besuch im nahe gelegenen Museum wird die Lebenswirklichkeit der Kinder angesprochen: Römische Geschichte wird so zur lebensnahen Ortsgeschichte. Ist ein Museumsbesuch nicht realisierbar, lassen die Vorlesegeschichten im Buch römische Geschichte ebenso lebendig werden. Diese Vorlesegeschichten bieten neben der Identifikation auch gute Gesprächsanlässe und Spannung.

Projektvorschläge für den Schulunterricht

Die Römer können bereits im Sachunterricht der Primarstufe sowie im 5. oder 6. Schuljahr der Sekundarstufe I thematisiert werden. Dieses Buch gibt vielfältige Anregungen zu einem Unterricht mit handlungs- und projektorientierten Anteilen. Ein solcher Unterricht, der an den meisten Schulen durchaus üblich ist, lockert nicht nur den Schulalltag auf, sondern ermöglicht, dass fächerübergreifend Gelerntes vertieft und mit allen Sinnen erfasst wird. Die SchülerInnen reagieren auf einen solchen Unterricht in der Regel mit großer Motivation und Einsatzbereitschaft.

Ein „Römerprojekt" innerhalb einer Projektwoche macht den ProjektteilnehmerInnen bestimmt sehr viel Freude und bietet neben dem normalen Schulunterricht in komprimierter Form eine Einführung in die spannende römische Geschichte. Projektwochen sind durch die Richtlinien aller Schulformen legitimiert und haben sich in den letzten Jahren an den meisten Schulen zum festen Bestandteil eines Schuljahres entwickelt. Häufig legt die Lehrerkonferenz ein Oberthema für eine Projektwoche fest, zu dem das Kollegium geeignete Projektthemen ausarbeitet. Ein solches Oberthema könnte z.B. lauten: „Gesundheit - fit wie ein Turnschuh". Unter diesem Oberthema ließe sich der dritte Projektvorschlag, der im Folgenden beschrieben wird „Fitness und Völlerei - das Gesundheitsbewusstsein im alten Rom", als Projektthema integrieren.

Üblicherweise nehmen die SchülerInnen an einem Projekt ihrer Wahl teil. Es bilden sich also klassenübergreifende Projektgruppen mit einem gemeinsamen Interessensschwerpunkt. Wesentliches Merkmal des Projektunterrichtes ist die Betonung des selbstständigen Arbeitens der Projektgruppe. Es sollte bei den nachfolgend beschriebenen Projekten immer bedacht werden, dass genügend Freiraum für die TeilnehmerInnen bleibt. Die selbstständige Beschaffung von Materialien und die eigenverantwortliche Planung und Durchführung einer abschließenden Vorstellung der Projektergebnisse sollte selbstverständlich sein. Auf eine abschließende Reflexion, leider häufig vergessen, über die Zusammenarbeit und die Resonanz des Projektes sollte nicht verzichtet werden.

Die folgenden Projektvorschläge beschreiben Projektthemen, die einzeln eine Projektwoche ausfüllen können, allerdings auch von einer größeren Gruppe mit Unterstützung mehrerer LehrerInnen und Eltern zu einem großen Römerprojekt zusammengefasst werden können. Bei einem längeren Aufenthalt in einem Schullandheim - natürlich möglichst in der Nähe einer römischen Siedlung (z.B. Römerpark Xanten) ließe sich ein solches Projekt zeitlich und räumlich realisieren und den SchülerInnen zu einem unvergesslichen Erlebnis werden.

Alle Projektvorschläge sind so ausgearbeitet worden, dass den Lehrenden die Möglichkeit bleibt, Lernziele individuell an der Projektgruppe auszurichten und eigene Schwerpunktsetzungen vorzunehmen. Wesentlich ist in diesem Zusammenhang, dass innerhalb der Projekte ausreichend Möglichkeiten geschaffen werden, historische Bezüge zu der aktuellen Situation von heute lebenden Schülerinnen und Schülern herzustellen. Gerade so wird Geschichte lebendig und interessant und ermöglicht eine Reise mit der Zeitmaschine zwischen der Römerzeit und heute.

1. Projektvorschlag:
„ES GING AUCH OHNE GAMEBOY"
Römische Kinderspiele

In diesem Projekt werden heutige Kinderspiele mit römischen Spielen verglichen. Es ist sinnvoll, die Projektgruppe zunächst aufzufordern, heutiges Kinderspielzeug (Gameboy, Rollerblades, Computerspiele, Barbie, diverse Gesellschaftsspiele etc.) zu beschreiben. Dabei bietet sich an, aus Katalogen Abbildungen des heutigen Spielzeuges zu suchen und ein gemeinsames Plakat oder mehrere zu erstellen, auf dem eine Übersicht der heutigen Spielgewohnheiten dargestellt ist. Darauf folgend lernt die Projektgruppe verschiedenste römische Spiele kennen, die ausgewählt, selber hergestellt und nach sorgfältiger Fertigstellung gemeinsam gespielt werden.
Für ein solches Projekt bieten sich alle Spielvorschläge aus dem Kapitel „Römische Kinderspiele" und die Pausenspiele aus dem Kapitel „Römische Schule" an, die je nach Interessenlage und Alter der ProjektteilnehmerInnen gebaut und gespielt werden können.

Bei der Vorstellung der Projektergebnisse sollte eine kleine Ausstellung zu den römischen Spielen aufgebaut werden, bei der auch die Möglichkeit besteht, das ein oder andere Spiel zu spielen. Es sollte also vorher überlegt werden, ob ein Spiel z.B. Mühle mehrfach hergestellt wird, damit genügend Spielmöglichkeiten für die BesucherInnen der Ausstellung vorhanden sind.

2. Projektvorschlag:
„KLEIDER MACHEN LEUTE"
Mode und Schmuck im alten Rom

Als Einstieg und Motivation eignet sich ein kleiner Auszug einer Videoaufzeichnung eines Monumentalfilmes aus der römischen Zeit.
In diesem Projekt werden verschiedene Kleidungs- und Schmuckstücke hergestellt. Es ist hilfreich, in dieses Projekt Eltern einzubeziehen, die mit der Nähmaschine umgehen können. Umso wirkungsvoller fällt die Gestaltung der Kleidungsstücke aus und bereichert die abschließende Modenschau.

Die Tuniken werden am ersten Tag zugeschnitten. Vorher müssen vorhandene Stoffe oder weiße T-Shirts in Übergröße eventuell noch eingefärbt werden. Die Anleitung zur Herstellung einer Militärtunika mit Gürtel aus dem Kapitel „Römisches Militär" kann in das Projekt ebenso einbezogen werden wie alle Anleitungen aus dem Kapitel „Römische Kleidung".
Die Gestaltung verschiedener Schmuckstücke bereichert die Präsentation der Modenschau.
Die Vorführung der römischen Mode sollte vorher geübt werden. Musik kann die

Vorstellung der römischen Kostüme feierlich untermalen.

Eine kleine Ausstellung, welche Mode und Schmuck römischer Zeit mit unserer Mode verbindet und die Gestaltung einer „Modezeitleiste" von der Römerzeit bis heute bereichert das Projekt inhaltlich und macht den SchülerInnen die Entwicklung der Mode bis heute im historischen Längsschnitt deutlich.

In umfangreichen Enzyklopädien oder in Latein- und Geschichtsbüchern lassen sich geeignete Abbildungen finden, die auch Informationen bieten, inwiefern unterschiedliche gesellschaftliche Ränge durch die Mode gekennzeichnet waren.

3. Projektvorschlag:
„FITNESS UND VÖLLEREI"
Das Gesundheitsbewusstsein im alten Rom

Schon im alten Rom war die Widersprüchlichkeit zwischen den Essgewohnheiten und dem Fitnessbedürfnis der Bevölkerung ein aktuelles Problem.

Auf Plakaten kann die Projektgruppe zunächst den Kontrast der heutigen Vorstellungen vom durchtrainierten Sportsmenschen zu den Folgen von Überernährung durch Fast-Food darstellen.

Geeignete Quellentexte geben dann Aufschluss über die Essgewohnheiten der Römer und sensibilisieren die Projektgruppe für die Auswüchse einer Überflussgesellschaft früher und heute.

Dabei sollte deutlich werden, dass es unterschiedliche Sozialschichten im alten Rom gab und die Dekadenz einer reichen Oberschicht vorbehalten war.

Die Gestaltung des Projektes Fitness und Völlerei lässt sich aus den Spielvorschlägen der Kapitel „Römische Küche" und „Römische Freizeit" mit individueller Schwerpunktsetzung je nach Alter und Interessen der Projektgruppe zusammenstellen.

Die Präsentation der Projektergebnisse ist abhängig von den gewählten Schwerpunkten. Dabei ist denkbar, unterschiedliche Speisekarten vorzustellen, die von der Projektgruppe gestaltet worden sind und Ausdruck für die unterschiedlichen Essgewohnheiten der verschiedenen gesellschaftlichen Gruppen sind. Eine solche Ausstellung lässt sich schön abrunden durch die Präsentation römischer Edelservice, modellierter Löffel oder Modelle opulenter Mahlzeiten. Eine ausführliche Beschreibung der wichtigen Funktion der Thermen für die Römer gibt Einblick in das Gesundheitsbewusstsein der Römer, das staatlich gefördert wurde.

Eine lebensechte und handlungsorientierte Präsentation ist die Durchführung eines römischen Festmahles, bei dem das Angebot einiger Fitnessübungen im Anschluss oder zu Beginn der cena nicht fehlen darf. Solche Fitnessmöglichkeiten sind im Kapitel „Römische Freizeit" beschrieben.

Bei diesem Projekt sollte bedacht werden, dass die Schwerpunktsetzung strukturiert wird, da ansonsten die Gefahr besteht, dass die Bearbeitung dieser interessanten Thematik mehr in die Breite als in die Tiefe geht.

4. Projektvorschlag:

„AUF DEN SPUREN DER ARCHÄOLOGEN"

Die Römer in Deutschland

Dieses Projekt beginnt mit dem Archäologenspiel, bei dem die ProjektteilnehmerInnen selber in die Rolle der Archäologen schlüpfen.

Die Projektgruppe sollte danach Informationen über römische Fundstätten in Deutschland bearbeiten und die Fundorte auf einer großkopierten Deutschlandkarte (DIN A 3), die auf einer Styroporplatte aufgeklebt ist, mit Hilfe von kleinen Fähnchen kennzeichnen.

Quellentexte über das Leben der Römer in Germanien verdeutlichen die damalige historische Situation und bieten Ansätze zur Auseinandersetzung mit dem Zusammenwachsen verschiedener Kulturen. Im Rahmen dieses Projektes können verschiedene Ausstellungsstücke hergestellt werden: z.B. die Rekonstruktion einer römischen Vase, ein römisches Öllämpchen, Serviceteile oder einzelne Gegenstände, die im Kapitel „Römisches Militär" beschrieben sind. Es ist bei diesem Projekt in jedem Fall anzuraten, dass die Projektgruppe ein Museum mit einer geeigneten Ausstellung zu den Römern in Deutschland besucht. Wenn die Möglichkeit besteht, kann die Gruppe an einem entsprechenden museumspädagogischen Programm teilnehmen.

RÖMISCHER KINDERGEBURTSTAG

Ein römischer Kindergeburtstag ist eine kreative Alternative zu den modisch gewordenen Geburtstagsfeiern in bekannten Schnellrestaurants und bestimmt nicht teurer.

Die Spiel- und Bastelideen dieses Buches können individuell für den Kindergeburtstag je nach Alter der Kinder, der Wetterlage und der Raumbedingungen zusammengestellt werden. Die Kosten für das Bastelmaterial betragen in der Regel nicht mehr als die üblichen Kosten für kleine Preise, die es sonst bei Geburtstagen zu gewinnen gibt.

Ein selbst angefertigter römischer Gegenstand bleibt ein schönes Andenken an den römischen Kindergeburtstag - und ist auch nicht so ungesund wie die Süßigkeiten, die üblicherweise bei solchen Veranstaltungen in Mengen verteilt werden. Ein solcher Gegenstand kann z.B. ein römisches Mosaik oder römischer Schmuck oder ein römisches Kleidungsstück sein. Eine römische Öllampe aus Ton erfordert für das Formen mehrere Stunden Zeit und kann erst später an die Gäste ausgegeben werden, weil die Lampe noch gebrannt werden muss. Dieser Bastelvorschlag eignet sich für den Geburtstag etwas älterer Kinder. Jüngeren Kindern gefallen sicherlich auch zahlreiche Spiele aus den Kapiteln „Römische Kinderspiele" und „Römische Freizeit". In fast allen Kapiteln finden sich Spielvorschläge für Spiele, die im Freien gespielt werden können und dem Bewegungsdrang von Kindern entgegenkommen. Auch die Vorschläge zum Römischen Fest bieten Anregungen für die Durchführung eines römischen Kindergeburtstages.

Einen schönen Abschluss der römischen Geburtstagsfeier bildet eine gemeinsame römische cena, ein Abendessen, das entweder teilweise von den Kindern selbst zubereitet oder als Festmahl den kleinen Gästen angeboten wird. Wahlweise können auch einzelne Gänge aus der vorgeschlagenen cena für das römische Mahl ausgewählt werden, damit die Vorbereitungen nicht zu aufwendig werden und die Gäste nicht übermäßig Völlerei betreiben!

RÖMISCHE GEBURTSTAGSEINLADUNG

Material: etwa DIN A 5 große Platte aus Pappe, braune Kerzen, Schaschlikspieß aus Holz oder Metall
Alter: ab 4 Jahren (mit Hilfe)

Eine stilvolle römische Einladungskarte bildet einen schönen Auftakt für einen Römergeburtstag.

Die Platten aus Pappe werden mit flüssigem Kerzenwachs überzogen und die Oberfläche geglättet.
Mit Hilfe des Schaschlikspießes können die Einladungstexte auf den römischen Schreibtäfelchen eingeritzt werden.
Kindern, die noch nicht oder noch nicht so gut schreiben können, sollten Eltern oder Geschwister den Einladungstext schreiben. Das Geburtstagskind braucht dann nur noch seinen Namen oder ein Zeichen als Unterschrift einzuritzen.

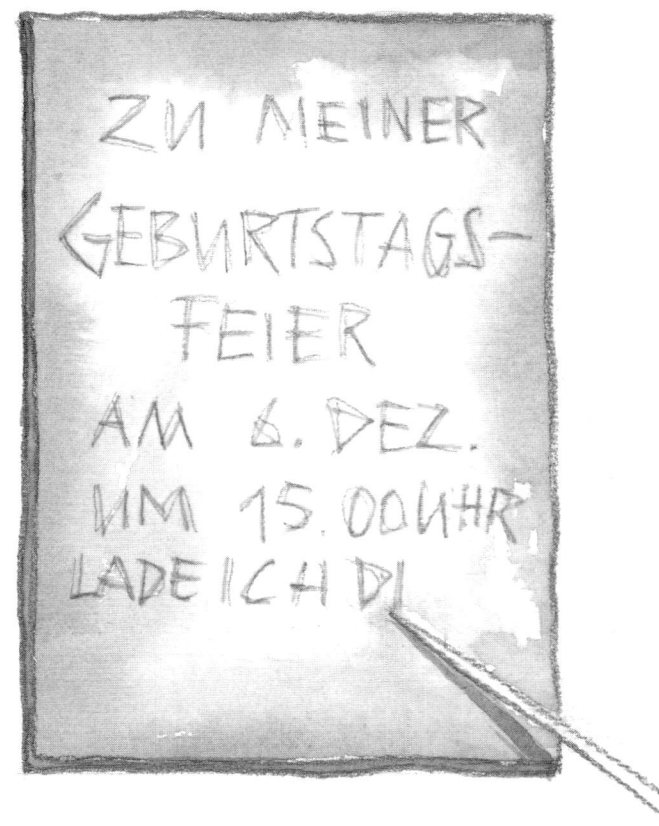

ANHANG

RÖMISCHE FUNDPLÄTZE UND MUSEEN IN DEUTSCHLAND

Zahlreiche Orte in Deutschland gehen auf römische Siedlungen zurück, denn etwa fünfhundert Jahre haben sich die Römer hier aufgehalten. Germanien lag am Rande des römischen Imperiums und war die Grenzregion, der die größte Aufmerksamkeit galt. Zeugnis davon legt nicht nur der Limes ab, sondern auch die Tatsache, dass die besten Legionen, die tüchtigsten Verwaltungsbeamten und erfolgreichsten Feldherrn hierhin geschickt wurden.

Aus diesen Gründen sind römische Funde in Deutschland recht häufig, wenn auch nach ihnen erst in den letzten 150 Jahren systematisch gesucht wird. Alle - selbst alle wichtigen - römischen Funde in Deutschland aufzuzählen würde den Rahmen dieses Buches sprengen. Selbst in vielen kleinen Heimatmuseen befinden sich Hinterlassenschaften der Römer. So wird es in vielen Fällen möglich sein, durch echte Zeugnisse der Vergangenheit bei Kindern Interesse zu wecken, sich mit dem Thema zu beschäftigen.

Hier werden einige der wichtigsten Fundorte und Museen genannt, um Anregungen für mögliche Ausflüge zu geben. Um die Orientierung zu erleichtern, ist die Liste nach Bundesländern geordnet.

BADEN-WÜRTTEMBERG

Badenweiler Römischer Badeort. Besterhaltenste Thermenruine nördlich der Alpen.

BAYERN

Regensburg Stärkste Festung der Provinz Rätien. Museum mit wertvollen Sammlungen.

Augsburg Hauptstadt der Provinz Rätien, Legionslager.

NORDRHEIN-WESTFALEN

Bonn Legionslager; Grabmäler; Rheinisches Landesmuseum.

Haltern Bedeutender militärischer Stützpunkt der Römer an der Lippe; Fundmaterial z.T. im Westf. Museum für Archäologie in Münster, aber auch im sehr ansprechenden neuen Römermuseum in Haltern.

Köln Wichtigste römische Handelsstadt am Rhein; Provinzialhauptstadt von Niedergermanien. Römisch Germanisches Museum mit bedeutenden Funden.

Neuss Standort mehrerer Legionslager; Funde im Museum.

Xanten Reste des Amphitheaters und verschiedener Gebäude wurden gefunden. Im zu besichtigenden Archäologischen

Park in Xanten wurden Teile einer römischen Stadt rekonstruiert.

RHEINLAND-PFALZ

Mainz Größte römische Militärstadt in Germanien; Provinzialhauptstadt von Obergermanien. Römisch-Germanisches Zentralmuseum.

Speyer Historisches Museum der Pfalz; reichhaltige Sammlungen.

Trier Hauptstadt der westlichen Teile des Imperiums, Kaiserresidenz. Zahlreiche erhaltene Bauten. Landesmuseum.

SAARLAND

Homburg Römische Siedlung im Stadtteil Schwarzenacker. Freilichtmuseum: Römermuseum Homburg Schwarzenacker.

LIMES-ORTE
mit teilweise erhaltenen Befestigungsanlagen:

Saalburg, Kapersburg, Bad Nauheim, Friedberg, Butzbach, Kloster Arnsburg, Hanau, Seligenstadt, Obernburg, Miltenberg, Eulbach, Walldürn, Canstatt, Köngen, Lorch, Aalen, Halheim, Gunzenhausen, Weißenburg, Pfünz Eining, Hienheim

LITERATUR

Sachbücher:

Blanck, Horst, Einführung in das Privatleben der Griechen und Römer, Darmstadt 1976

Carcopino, Jerome: Rom, Stuttgart 1977

Horn, Heinz Günter (Hrsg.): Die Römer in Nordrhein-Westfalen, Stuttgart 1987

Kinderbücher:

James, Simon: Sehen, Staunen, Wissen: Das Alte Rom, Hildesheim 1991

Kaiser, Maria Regina, Lucios, Abenteuer im Alten Rom, Würzburg 1991

Künzl, Ernst: Was ist Was. Das alte Rom, Nürnberg 1997

Millard, Anne: Ecce Roma, Ravensburg 1986

Ruttmann, Irene: Titus kommt nicht alle Tage, München 1989

Stöver, Hans Dieter: Quintus setzt sich durch, München 1993

Stöver, Hans Dieter: Quintus geht nach Rom, München 1996

Stöver, Hans Dieter: Quintus in Gefahr, München 1996

Winterfeld, Henry: Cajus, der Lausbub, München 1981

Winterfeld, Henry: Cajus in der Klemme, München 1997

REGISTER

Spiele   *Basteleien*   <u>Rezepte</u>

DIE AUTOREN

Franz und Gipsy Baumann sind für die Leser des Ökotopia-Verlages keine Unbekannten. Nach ihrem Buch „Mit Mammut nach Neandertal - Kinder spielen Steinzeit" setzen sie mit diesem Buch die Geschichtsreihe „Kinder spielen Geschichte" des Verlages fort.

Als Lehrer der Primar- und Sekundarstufe I haben die Autoren in den letzten Jahren ihr Interesse für die Alltagsgeschichte und die Spielpädagogik praktisch vertiefen können. Innerhalb ihrer Unterrichtspraxis stellten die beiden immer wieder fest, dass historische Themen, wenn sie handlungsorientiert und lebensnah aufbereitet sind, gerade bei kleinen Kindern auf großes Interesse stoßen, insbesondere, wenn sie über einen längeren Zeitraum als Projekt durchgeführt werden. Gerade beim Projekt wird die Eigeninitiative der Kinder besonders gestärkt und die Motivation wird durch die Aussicht auf die spätere Präsentation des Projektes vor einer mehr oder minder großen Öffentlichkeit erheblich gefördert.

Römische Geschichte kann durchaus spannend sein, wenn sie auf diese Weise Kindern nahe gebracht wird. Kinder und Erwachsene können über die Beschäftigung mit dem römischen Alltagsleben nicht nur spielerisch eine alte Kultur kennen lernen, sondern darüber hinaus auch Bezüge zu ihrer eigenen Gegenwart ziehen. Das römische Reich war genau wie unsere heutige Gesellschaft mit vielfältigen fremdartigen Einflüssen konfrontiert und hat es verstanden, Ideen aus anderen Kulturkreisen aufzugreifen. Somit verstehen die Autoren dieses Buch auch als Beitrag dazu, sich in einer multikulturellen Gesellschaft zu orientieren.

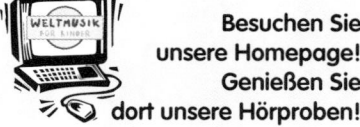

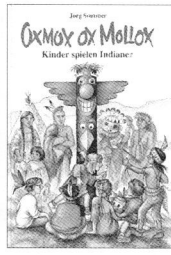

Umwelt spielend begreifen

aus dem
Ökotopia Verlag
Hafenweg 26a · D-48155 Münster

A. u. B. Neumann
Wasserfühlungen

Das ganze Jahr Naturerlebnisse an Bach und Tümpel – Naturführungen, Aktivitäten und Geschichtenbuch

Ein Handbuch für Naturwahrnehmungen an Kleinstgewässern mit Experimenten, Rezepten, Geschichten und spannenden Informationen zur Biologie und Mythologie von Pflanzen und Tieren. Für jede Jahreszeit werden verschiedene Spiele und Wahrnehmungsübungen vorgestellt.

ISBN: 3-936286-13-2

A. u. B. Neumann
Wiesenfühlungen

Das ganze Jahr die Wiese erleben Naturführungen, Wahrnehmungsspiele und Geschichtenbuch

Wiesen sind Orte verschiedenster Geräusche, Gerüche, Farben und auch Gaumenfreuden, die nicht nur unseren Huftieren und Hasen schmecken. Unsere Wiesen sind aber auch Abenteuer- und Spielplätze, Orte der Ruhe und des Sonnenbadens, ein Zauberland, eine Universität und ein Garten.
ISBN: 3-931902-89-7

A. u. B. Neumann
Waldfühlungen

Das ganze Jahr den Wald erleben – Naturführungen, Aktivitäten und Geschichtenfibel

Der Wald ist ein Abenteuer – ein Spielplatz, ein Zauberland, eine Universität und ein Garten. Die Bäume erzählen uns Geschichten, die in Sagen, Märchen und Gedichten weitergegeben werden. Aber auch andere Waldbewohner bieten Interessantes und Erstaunliches.

ISBN: 3-931902-42-0

Steffi Kreuzinger, Eva Sambale
Himmel die Berge!

Mit Kindern unterwegs: Spiele, Naturerlebnisse, Geschichten und Lieder

Mit Geländespielen, Bastelaktionen mit Naturmaterialien, alpenländischen Liedern und vielfältigen Sinnes- und Bewegungsspielen können Kinder mit viel Spaß im Gebirge unterwegs sein und dabei spielend die Bergnatur erleben können. Naturkundliche Informationen und pädagogische Tipps erleichtern die Umsetzung in der Praxis.

ISBN (Buch): 3-936286-20-5 · **ISBN (CD):** 3-936286-21-3

Martina Kroth
Von Leuchtfischen und Meerjungfrauen

Kleine Landratten erfahren spielerisch Spannendes und Wissenswertes über den Lebensraum Meer

Kinder holen sich das Meer nach Hause und erforschen Ozean und Küste, Schifffahrt und Wetter, Meerestiere und Seeungeheuer in vielfältigen Spielen, Experimenten, Geschichten, Bastelaktionen und Rezepten.
ISBN: 3-936286-35-3

Leonore Geißelbrecht-Taferner
Die Garten-Detektive

Mit vielfältigen Experimenten, Spielen, Bastelaktionen, Geschichten und Rezepten den blühenden Frühjahrsboten auf der Spur

Mit Lupe und detektivischer Spürnase begeben sich Kinder auf die Suche nach Frühjahrsblühern im eigenen Garten und in Feld, Wald und Wiese. Ob Veilchen, Gänseblümchen oder Löwenzahn – alle Pflanzen haben ihre eigenen Besonderheiten und Fähigkeiten, die es zu entdecken gilt.

ISBN: 3-936286-58-2

K. Saudhoff, B. Stumpf
Mit Kindern in den Wald

Wald-Erlebnis-Handbuch
Planung, Organisation und Gestaltung

Es ist den Autorinnen gelungen, aus ihren vielfältigen Erfahrungen in Projekten mit Kinder-Gruppen ein echtes Wald-Erlebnis-Handbuch zusammenzustellen, das von der Planung, Organistion bis hin zur Durchführung zahlreiche Anregungen und Hilfestellungen gibt.

ISBN: 3-931902-25-0

B. Hesebeck, G. Lilitakis, S. Schulz, D. Gouder
Mit Robin Hood in den Wald

Waldabenteuer für Kinder: Naturerlebnisse, Tobe- und Geländespiele, Bastelaktionen mit Naturmaterialien, Infos über Pflanzen und Tiere und Geschichten von Robin Hood und seinen Gefolgsleuten

Gelungene Aktionen, spannendes Hintergrundwissen und Checklisten bieten optimale Anregungen für die praktische Arbeit.
ISBN: 3-936286-10-8